Joel White

Kolosserbrief Philemonbrief

Warum „Jesus allein“ eine gute Nachricht ist

BRUNNEN
Verlag GmbH · Giessen

Der Autor: Dr. Joel White studierte Humanwissenschaften und Theologie in Chicago und Boston. 2007 promovierte er an der Universität Dortmund mit einer Arbeit zum Thema „Die Erstlingsgabe im Neuen Testament“. Seit 2001 lehrt er Neues Testament an der Freien Theologischen Hochschule Gießen.

Konzeption und Text: Joel White
Lektorat: Susanne Baum

Umschlagmotiv: Shutterstock
Umschlaggestaltung: Jonathan Maul
Satz: Uhl + Massopust, Aalen
Herstellung: BasseDruck, Hagen
ISBN 978-3-7655-0831-8

www.brunnen-verlag.de

Inhalt

Verzeichnis der Abkürzungen

Altes Testament

1 Mo	Das erste Buch Mose
2 Mo	Das zweite Buch Mose
3 Mo	Das dritte Buch Mose
4 Mo	Das vierte Buch Mose
5 Mo	Das fünfte Buch Mose
Jos	Das Buch Josua
Ri	Das Buch über die Richter
Ruth	Das Buch Ruth
1 Sam	Das erste Buch Samuel
2 Sam	Das zweite Buch Samuel
1 Kön	Das erste Buch über die Könige
2 Kön	Das zweite Buch über die Könige
1 Chr	Das erste Buch der Chronik
2 Chr	Das zweite Buch der Chronik
Esra	Das Buch Esra
Neh	Das Buch Nehemia
Est	Das Buch Esther
Hiob	Das Buch Hiob
Ps	Die Psalmen
Spr	Die Sammlung der Sprüche
Pred	Der Prediger Salomo
Hld	Das Hohelied
Jes	Der Prophet Jesaja
Jer	Der Prophet Jeremia
Klgl	Die Klagelieder
Hes	Der Prophet Hesekiel
Dan	Der Prophet Daniel
Hos	Der Prophet Hosea
Joel	Der Prophet Joel
Am	Der Prophet Amos
Ob	Der Prophet Obadja
Jona	Der Prophet Jona
Mi	Der Prophet Micha
Nah	Der Prophet Nahum
Hab	Der Prophet Habakuk
Zef	Der Prophet Zefanja
Hag	Der Prophet Haggai
Sach	Der Prophet Sacharja
Mal	Der Prophet Maleachi

Neues Testament

Mt	Das Evangelium nach Matthäus
Mk	Das Evangelium nach Markus
Lk	Das Evangelium nach Lukas
Joh	Das Evangelium nach Johannes
Apg	Die Apostelgeschichte
Röm	Der Brief des Paulus an die Christen in Rom
1 Kor	Der erste Brief des Paulus an die Christen in Korinth
2 Kor	Der zweite Brief des Paulus an die Christen in Korinth
Gal	Der Brief des Paulus an die Christen in Galatien
Eph	Der Brief des Paulus an die Christen in Ephesus
Phil	Der Brief des Paulus an die Christen in Philippi
Kol	Der Brief des Paulus an die Christen in Kolossä
1 Thess	Der erste Brief des Paulus an die Christen in Thessalonich
2 Thess	Der zweite Brief des Paulus an die Christen in Thessalonich
1 Tim	Der erste Brief des Paulus an Timotheus
2 Tim	Der zweite Brief des Paulus an Timotheus
Tit	Der Brief des Paulus an Titus
Phlm	Der Brief des Paulus an Philemon
Hebr	Der Brief an die Hebräer
Jak	Der Brief des Jakobus
1 Petr	Der erste Brief des Petrus
2 Petr	Der zweite Brief des Petrus
1 Joh	Der erste Brief des Johannes
2 Joh	Der zweite Brief des Johannes
3 Joh	Der dritte Brief des Johannes
Jud	Der Brief des Judas
Offb	Die Offenbarung an Johannes

Fragen zu diesem Kurs

Zielsetzung

1. **Worum geht es in diesem Kurs?** Um drei Ziele, die alle wichtig sind:

a. Nahrung für die Seele. – „Der Mensch lebt nicht vom Brot allein, sondern von dem Wort, das Gott spricht.“ In seinem Wort stellt Gott sich uns vor. Hier können wir ihn kennenlernen. Wer mehr über Gott und den christlichen Glauben erfahren will, muss sich mit der Bibel beschäftigen. Wer als Christ im Glauben wachsen will, muss sich aus dem Wort Gottes „ernähren“.

b. Gemeinschaft. – Im Gespräch über Glaubensfragen und Lebenserfahrungen kommen wir einander näher und können zu einer Gemeinschaft zusammenwachsen, in der man sich im Alltag und im Glauben gegenseitig trägt und unterstützt.

c. Wachstum. – Dieser Kurs wendet sich auch an Menschen, die bisher mit dem christlichen Glauben noch wenig in Berührung gekommen sind. Wenn Sie immer wieder andere zu Ihren Treffen einladen, kann die Gruppe wachsen, bis eine Teilung nötig wird. Beide neuen Kreise sollen ebenso wachsen, bis sie zu groß sind und sich teilen – und so weiter.

Teilnehmer

2. **Für wen soll dieser Gesprächskreis sein?**

- Für Menschen, die Fragen an das Leben haben und wissen möchten, ob der christliche Glaube ihnen weiterhelfen kann.
- Für Menschen, die sich – neu oder wieder – intensiver mit dem christlichen Glauben beschäftigen wollen.
- Für Menschen, denen Kirche und Glauben fremd geworden sind, die aber nach einem neuen Zugang zum Glauben suchen.
- Für Christen, die die Bibel besser kennenlernen und tiefer verstehen wollen.
- Für Menschen, die im Gespräch über Glaubensfragen und im Gebet füreinander in ihrem Glauben wachsen möchten.
- Für Menschen, die mit Schwierigkeiten und Problemen zu kämpfen haben und eine Gruppe suchen, die Unterstützung und Zusammenhalt bieten kann.

Der erste Schritt

3. **Wie sollen wir anfangen?** Machen Sie sich eine Liste mit den Namen, die Ihnen jetzt als mögliche Teilnehmer einfallen. Hängen Sie die Liste an einen Platz, an dem Ihr Blick immer wieder einmal darauffällt. Lassen Sie sie dort, bis Sie alle, die Sie auf Ihrer Liste notiert haben, gefragt haben, ob sie Interesse an einem solchen Gesprächskreis haben.

Das erste Treffen

4. **Was geschieht beim ersten Treffen?** Sie lernen einander als neue Gruppe kennen bzw. begrüßen neue Mitglieder, wenn Ihre Gruppe schon länger besteht. Sie sprechen über Ihre Erwartungen an diesen Kurs und vereinbaren „Spielregeln“, die in der Gruppe gelten sollen.

Spielregeln

5. **Wie entsteht die Vereinbarung über die Spielregeln?** Sprechen Sie über die nachfolgenden Fragen und notieren Sie die Punkte, bei denen Sie Einigung erzielen. So können Sie am Ende des Kurses gut beurteilen, ob Sie Ihre Ziele erreicht haben.

- Was ist der Zweck Ihrer Treffen?
- Wie oft wollen Sie sich treffen? (Dieser Kurs bietet Ihnen Gesprächsanregungen für neun Treffen. Wenn Sie danach weiterhin zusammenkommen wollen, verlängern Sie einfach Ihre Abmachung.)
- Wo wollen Sie sich treffen?
- Um welche Uhrzeit sollen die Treffen beginnen und wie lange sollen sie dauern?
- Welchen Rahmen wollen Sie Ihren Treffen geben? Soll es Getränke und etwas zum Knabbern geben? Wer ist dafür zuständig?

Hilfreich ist es, wenn Sie außerdem **Regeln für das Gespräch in der Gruppe** vereinbaren. Dazu könnten folgende Vereinbarungen gehören:

- Was in diesem Kreis gesagt wird, ist vertraulich und wird nicht nach außen getragen.
- Wir reden nicht übereinander, sondern miteinander.
- Gesprächsbeiträge werden nicht bewertet; jeder Teilnehmer wird mit seiner Meinung ernst genommen.
- Es gibt keine „unmöglichen" Positionen. Wenn es Meinungsunterschiede gibt, begründet jeder seine eigene Sicht.

- ______________________________

- ______________________________

Sie können ergänzen, was Ihnen sonst noch für Ihre Gruppe wichtig zu sein scheint.

Zeitlicher Rahmen

6. **Wie lange dauert ein Treffen?** Die Mindestzeitangaben für die einzelnen Bausteine des Treffens sind für Gruppen gedacht, die nur eine Stunde zusammen sein können. Wenn Sie mehr Zeit zur Verfügung haben, verlängern Sie die angegebenen Zeiten einfach entsprechend.

7. **Warum verabreden Sie sich zunächst nur für eine bestimmte Anzahl von Treffen?** Weil es leichter ist, sich für einen überschaubaren Zeitraum für eine Sache zu entscheiden und sie wirklich durchzuhalten, als eine Verpflichtung auf unbestimmte Zeit einzugehen. Wenn Sie nach Abschluss des Kurses weiter als Gruppe zusammenbleiben wollen – umso besser.

Gesprächsinhalt

8. **Was wird bei den Treffen besprochen?** Dieser Gesprächsleitfaden entfaltet Zusammenhänge und Hintergründe des Kolosserbriefs und Philemonbriefs und möchte biblische Schätze ausgraben. Dabei geht es unter anderem um Fragen wie:

- Warum setzt sich Paulus so sehr für Onesimus ein?
- Warum werden diese beiden Briefe zusammen behandelt?
- Was beinhaltet die kolossische Irrlehre?
- Was will Paulus bezwecken, wenn er ein sehr kunstvoll gestaltetes Lied einwebt?
- Warum gibt Paulus genaue Anweisungen, wie sich die Christen untereinander zu verhalten haben?

Es geht erst um das Verstehen, um anschließend wertvolle Einsichten im Alltag anwenden zu können: Jesus hat alle Voraussetzungen geschaffen für ein fröhliches, zweckerfülltes, erkenntnisreiches und von Angst befreites Leben. Warum sich alles um Jesus dreht und das eine gute Nachricht ist – das ist der Kern dieses Bibelstudienmaterials.

Das Inhaltsverzeichnis bietet eine Übersicht über die Texte und Themen.

Vielleicht möchten Sie auch ein zusätzliches Treffen einplanen, in dem Sie sich gemeinsam mit den Spielregeln für diese Gruppe und der Einführung zum Thema Die *Briefe des Paulus an Philemon und an die Kolosser* beschäftigen.

Bibelkenntnis

9. Und wenn jemand in der Gruppe wenig von der Bibel weiß? Prima! Dafür ist die Gruppe ja da. Die ERLÄUTERUNGEN geben Ihnen Hinweise zum Verständnis größerer Zusammenhänge, einzelner Ausdrücke, geschichtlicher Hintergründe oder wichtiger Personen im Text. Greifen Sie immer dann auf die Erläuterungen zurück, wenn der Sinn des Textes sich nicht von selbst erschließt.

Bibel dabeihaben. Die Texte, auf die sich dieses Heft bezieht, sind in den einzelnen Einheiten abgedruckt. Weil aber auch immer wieder einmal auf weitere biblische Zusammenhänge verwiesen wird, ist es gut, wenn die Teilnehmer auch eine Vollbibel dabeihaben, um entsprechende Stellen nachschlagen zu können.

„Hausaufgaben"

10. Was muss ich sonst noch tun? Nichts, wenn Sie nicht wollen. Aber Sie können über das hinausgehen, was in der Gruppe besprochen wird. Nicht immer werden Sie alle *Erläuterungen* gemeinsam in der Gruppe lesen und diskutieren können. Wenn Sie die Zusatzinformation voll ausschöpfen möchten, haben Sie dafür zwei Möglichkeiten:

- Lesen Sie Text und Erläuterungen vorbereitend zu Hause. Oder:
- Vertiefen Sie das Gespräch über einen Text im Anschluss an Ihr Gruppentreffen. Lesen Sie den Text noch einmal im Zusammenhang und nehmen Sie sich Zeit, die Erläuterungen zu studieren.

Der Traum

11. Der Traum, der dahintersteckt: Menschen treffen sich und wachsen zu einer tragfähigen Gemeinschaft zusammen, in der jeder eine Heimat findet und in seinen Freuden und Schwierigkeiten angenommen ist. Menschen kommen zusammen, reden über ihr Leben und ihren Glauben und begegnen der Bibel – egal, ob sie Kirchenmitglieder sind, vom Glauben bisher viel oder wenig wissen, ob sie Christen sind oder nicht.

Serendipity

12. Was heißt Serendipity? „Das Geschenk, zufällig glückliche Entdeckungen zu machen." Genau darum geht es beim Kursmaterial „Serendipity bibel": Menschen kommen ins Gespräch über das Leben und den Glauben, tauschen Erfahrungen aus, setzen sich mit Fragen nach Gott und der Welt, nach Glaube und Bibel auseinander und machen dabei – möglicherweise ganz unvermutet – wertvolle Entdeckungen für ihr Leben.

13. Weitergehen. Weitere Kurshefte zu vielen biblischen Themen finden Sie auf unserer Homepage: https://www.brunnen-verlag.de/serendipity

Grundlagenliteratur zum Thema Kleingruppen können Sie als free content auf dem Blog der Website des Brunnen Verlags herunterladen.

Wie verläuft ein Treffen?

Jedes Treffen besteht aus drei Teilen:

1. EINSTIEG (15–20 Minuten)
Der Einstieg bietet Hilfen an, um sich untereinander kennenzulernen und ins Gespräch zu kommen. Die Impulse in diesem Teil zielen darauf ab, mehr voneinander zu erfahren, damit gute Beziehungen untereinander wachsen können.

2. BIBELGESPRÄCH (30–40 Minuten)
Lesen Sie den Bibeltext zunächst gemeinsam. Die Fragen in diesem Teil beziehen sich auf den Bibeltext bzw. das Thema der Gesprächseinheit. Sie helfen, den Bibeltext zu erschließen, und geben Ihnen einen Leitfaden für Ihr Gespräch. Greifen Sie immer dann auf die *Erläuterungen* zurück, wenn der Sinn des Textes sich nicht von selbst erschließt.

Sie werden vielleicht nicht alle Fragen in der zur Verfügung stehenden Zeit ansprechen können. Wählen Sie dann einfach die aus, die Ihrer Gruppe am wichtigsten erscheinen.

Wenn Ihre Gruppe recht groß ist, können Sie auch überlegen, ob Sie sich für das Bibelgespräch – immer oder hin und wieder – in kleinere Gruppen (etwa zu viert) aufteilen. Das gibt jedem Einzelnen die Möglichkeit, häufiger zu Wort zu kommen.

Wichtig: Zu manchen Fragen möchten Sie sich vielleicht nicht in der Gruppe äußern. Geben Sie aber Ihre Antwort für sich persönlich. Natürlich hat jeder die Freiheit, nur das mitzuteilen, was er wirklich möchte.

3. AUSTAUSCH UND GEBET (15–30 Minuten)
Hier ist Gelegenheit, den Text noch einmal ganz persönlich auf sich wirken zu lassen und, wenn Sie möchten, persönliche Anliegen anzusprechen. Dieser Austausch und das gemeinsame Gebet füreinander dienen ganz entscheidend dem Zusammenwachsen und dem Aufbau einer tragfähigen Gemeinschaft.

Die *Mindestzeitangaben* sind für Gruppen gedacht, die nur eine Stunde zur Verfügung haben. Wenn Sie mehr Zeit haben, verlängern Sie die angegebenen Zeiten einfach entsprechend.

Einführung: Die Briefe des Paulus an Philemon und an die Kolosser

Die Briefe des Paulus an Philemon und an die Kolosser sind am selben Ort und etwa zur selben Zeit entstanden, deshalb werden sie oftmals zusammen behandelt. Das machen die **Grußlisten** am jeweiligen Ende der Briefe deutlich (Kol 4,10-14; Phlm 23-24), denn die gleichen fünf Personen waren bei Paulus, als er beide Briefe schrieb. Sie sind an Menschen adressiert, die in Kolossä, einer Kleinstadt im Südwesten der heutigen Türkei, wohnten. Philemon war ein angesehener Mann in der Gemeinde in Kolossä, und die Gemeinde traf sich in seinem Haus (Phlm 1.2).

Paulus war in Gefangenschaft, als er diese Briefe schrieb (Kol 4,3.10.18; Phlm 10.13). Das könnte in Rom gewesen sein, wo Paulus zwei Jahre unter Hausarrest stand, bis er im Zuge der örtlichen Christenverfolgung unter Nero zwischen 64–67 n. Chr. hingerichtet wurde (Apg 28,30). Als Verfassungsort werden aber auch Caesarea (57–59 n. Chr.) oder Ephesus (53–55 n. Chr.) in Erwägung gezogen.

Damals gab es keine öffentliche Post. Man war darauf angewiesen, dass Briefe durch Vertraute, die auf Reisen waren, überbracht werden. Der Philemonbrief wurde zuerst geschrieben, und Onesimus übernahm die Rolle des Briefüberbringers (Phlm 12). Der Kolosserbrief folgte etwas später und wurde von Onesimus und Tychikus gemeinsam überbracht (Kol 4,7-9). Onesimus ist ein neubekehrter Christ, als er mit dem Brief an Philemon loszieht (Phlm 10), während Paulus ihn im Kolosserbrief „unseren treuen und geliebten Bruder“ nennt (Kol 4,9). Das ist eine typische Bezeichnung des Apostels für seine Mitarbeiter, zu denen Onesimus inzwischen gehört haben wird.

Über die antike Stadt Kolossä lässt sich nicht allzu viel sagen, denn es war mit Abstand die kleinste Stadt, an die Paulus einen Gemeindebrief schrieb. Über die Einwohnerzahl kann man nur spekulieren, weil die antike Stadt bis heute nicht archäologisch erforscht worden ist. Es handelt sich höchstens um ein paar Tausende. Die Region insgesamt war verhältnismäßig dicht besiedelt und zeichnete sich durch einen hohen jüdischen Bevölkerungsanteil aus.

Die Gemeinde in Kolossä ist nicht von Paulus selbst, sondern von einem seiner Mitarbeiter namens Epaphras gegründet worden (Kol 1,7). Er stammte aus Kolossä (Kol 4,12) und ist wohl durch Paulus zum Glauben gekommen. Paulus hatte eine Art Missionsschule in Ephesus gegründet, und Epaphras wird zu seinen Schülern gehört haben. Er wurde als Gemeindegründer ausgebildet und in seine Heimat zurückgeschickt. Durch sein Wirken sind nicht nur in Kolossä, sondern auch in den nahe liegenden Städten Laodizea und Hierapolis Gemeinden entstanden (Kol 4,13).

Eine Eigenart der Briefe an Philemon und an die Kolosser ist, dass Paulus die meisten Mitglieder der Gemeinde in Kolossä nicht persönlich kennt (Kol 2,1). Philemon, mit dem er enger befreundet gewesen zu sein scheint, gehört zu den wenigen Ausnahmen. Deswegen trägt Paulus sein Anliegen vorsichtiger an die Gemeinde heran als in manchen anderen Briefen. Er will seine Adressaten auf möglichst nahbare Art und Weise überzeugen, sich nicht nur anders zu verhalten, sondern neu über sich und die Welt zu denken. Deswegen sind diese Briefe bis heute so wertvoll.

Der Philemonbrief

Der Philemonbrief ist leicht zu unterschätzen. Erstens ist er bei Weitem der kürzeste Paulusbrief. Zweitens hat er so gut wie keine theologischen Inhalte. Stattdessen behandelt er ein Thema, das nur für Philemon, seinen Sklaven Onesimus und die Gemeinde in Kolossä wirklich von Interesse zu sein scheint.

Doch der Schein trügt. In gewisser Hinsicht ist der Philemonbrief der ideale Ausgangspunkt dafür, Paulus und sein theologisches Anliegen zu begreifen. Ihm geht es nicht um Lehrsätze, sondern darum, dass man aufgrund dessen, was der Messias Jesus durch seinen Tod und seine Auferstehung bewirkt hat, die Welt ganz neu betrachten und entsprechend sein Leben führen muss. Anhand einer uns fremden, aber in der Antike alltäglichen Situation wird praktisch dargestellt, wie das Evangelium unsere Sichtweise verändern soll und welche ethischen Konsequenzen für uns daraus folgen.

Worum geht's?

Beim Lesen des Philemonbriefs wird klar, dass wir uns mitten in einer spannenden Geschichte befinden. Irgendwie ist Onesimus, ein Haussklave des Philemon, an den der Brief adressiert ist, bei Paulus aufgetaucht. Er war wohl geflüchtet, weil er seinen Herrn betrogen oder ihm finanziellen Schaden verursacht hat (Phlm 17.18) und Angst hatte, dafür hart bestraft zu werden. Wahrscheinlich hat Onesimus den Apostel absichtlich aufgesucht, um ihn zu bitten, die Rolle des „Freundes des Herrn" zu übernehmen und sich für ihn bei Philemon einzusetzen. Es handelt sich dabei um eine von der römischen Gesetzgebung eingeräumte Möglichkeit für Sklaven, sich gegen unrechte Behandlung oder Bestrafung zu wehren. Dies galt nicht als Flucht und konnte nicht als solche geahndet werden, sobald der Sklave beim Freund des Herrn ankam und seine Absicht erklärte. Demzufolge ist Onesimus nicht zufällig an Paulus geraten, sondern er hat ihn ganz bewusst aufgesucht, weil er wusste, dass zwischen dem Apostel und seinem Herrn ein freundschaftliches Verhältnis herrschte. Er wollte Paulus bitten, die Rolle eines Mittlers im Konflikt mit seinem Herrn zu übernehmen.

Ein schlauer Plan, aber es kam ganz anders, als Onesimus es sich vorgestellt hatte. Denn durch Paulus ist er zum Glauben an den Messias Jesus gekommen (Phlm 10). Aus dem „nutzlosen" Sklaven (die Perspektive des Philemon; Phlm 11) ist ein eifriger Jünger Jesu geworden. Paulus schloss den jungen Mann ins Herz und sah in ihm keinen Sklaven mehr, sondern einen Bruder, in dem viel Potenzial steckte. Er wollte ihn in seine Missionsschule aufnehmen und zu einem Mitarbeiter ausbilden. Deswegen schickte er Onesimus nach Kolossä zurück mit der Bitte, Philemon möge ihn aus der Sklaverei entlassen, damit er in den Dienst des Paulus treten kann (Phlm 13).

Warum der vorsichtige Ton?

Jedenfalls scheint die Entlassung des Onesimus die Absicht des Paulus gewesen zu sein. So deutlich bringt das Paulus nie zum Ausdruck, sondern er spricht, wie es so schön heißt, „durch die Blume". Er nähert sich Philemon vorsichtig, indem er ihm eine Handlungsweise vorschlägt, statt ihn einfach dazu aufzufordern. Solch klare Sprache, wie wir es gewohnt sind, wäre in der Antike fehl am Platz. Damals war jeder anständige Mensch bemüht, die Würde eines gesellschaftlich Gleichgestellten zu schützen. Eine direkte Aufforderung hätte dem Ansehen Philemons in der Gemeinde, wo der Brief vorgelesen wurde, geschadet. Deswegen „empfiehlt" ihm Paulus als Freund, eine bestimmte Aktion durchzuführen, statt diese von ihm in der Rolle eines Apostels zu verlangen.

Das ist eine uns fremde Denkweise, erst recht, wenn es um die Befreiung eines Sklaven geht. Wir meinen, diese müsste man lautstark fordern, und wenn sich dabei der Sklavenbesitzer in seiner Ehre gekränkt fühlt, dann sei es drum! Aber man darf nicht die Ansichten der Antike anhand von unseren ethischen Vorstellungen bewerten. Keiner hat damals die Abschaffung der Sklaverei gefordert, denn eine Welt ohne Sklaven war im wahrsten Sinne des Wortes unvorstellbar. Etwa ein Drittel der Bevölkerung waren Sklaven. Und vielen davon – gerade Haussklaven wie Onesimus – ging es sogar besser als den Freien aus der Unterschicht, die oft in äußerster Armut lebten. Deswegen begaben sich viele sogar freiwillig in die Sklaverei oder zogen es vor, Sklaven zu bleiben.

Damit wird nicht geleugnet, dass die Sklaverei eine ausbeuterische Einrichtung war und ist. Unrecht ist unvermeidbar, sobald ein Mensch einen anderen zu besitzen meint.

Paulus wusste das auch und wollte im Falle des Onesimus etwas dagegen unternehmen. Gleichzeitig wollte er Philemon nicht vor den Kopf stoßen. In dieser heiklen Situation erwies sich seine Vorgehensweise als genial: Er betonte unermüdlich, dass sich die Gläubigen untereinander als Geschwister betrachten sollen. Kein anderer Brief im NT macht im Vergleich zu seinem Umfang so viel Gebrauch von Familienbegriffen („Bruder", „Vater" usw.). Das ist kein Zufall, denn Paulus wusste: Sobald Philemon beginnt, Onesimus als einen Bruder zu betrachten, verändert sich alles. Den muss er freilassen, denn nur der übelste Gauner würde seinen eigenen Bruder als Sklaven halten. Wie es scheint, hat Philemon die Botschaft verstanden, denn einer späteren Überlieferung zufolge hat er Onesimus tatsächlich freigelassen, und dieser ist später sogar Bischof der Kirche in Ephesus geworden.

Gliederung des Briefes

Der Philemonbrief ist denkbar einfach strukturiert:

1-3	Briefanfang
4-7	Danksagung
8-22	Paulus setzt sich für Onesimus ein
23-25	Grüße und Segen

Wegen seiner Kürze werden wir ihn „in einem Guss" in der ersten Einheit unten besprechen.

Der Kolosserbrief

Der Kolosserbrief hat wie der Philemonbrief einen klaren Zweck, den Paulus zunächst nicht direkt anspricht. Obwohl er sich als „Apostel zu den Völkern" für die Gemeinde in Kolossä verantwortlich fühlt (1,24-29) und ihm die Menschen dort wirklich am Herzen liegen (2,1-5), kennen sie ihn nicht. Man spürt, wie er bei seinen Lesern den Eindruck vermeiden will, dass er mit der apostolischen Keule für Recht und Ordnung sorgen will. Die Einleitung des Briefes ist außergewöhnlich lang; insbesondere fallen die für Paulusbriefe typische Danksagung (1,3-8) bzw. der Gebetsbericht (1,9-14) wortreich aus. Paulus baut in der Einleitung ein Lied ein, das die Kolosser in ihren Gottesdiensten wahrscheinlich gerne gesungen haben (1,15-20). An alledem merkt man: Paulus will den Gläubigen in Kolossä kein Denkkorsett anlegen, um zu gewährleisten, dass niemand aus der von ihm gelegten Spur läuft. Vielmehr will er sie einladen, die Welt neu zu betrachten, weil durch das, was Jesus Christus getan hat, alles anders geworden ist. Um dieses Umdenken voranzutreiben, gebraucht er eine Vielfalt an rhetorischem Werkzeug: Ermutigung, Herausforderung, Warnung und Unterweisung. Es geht ihm nicht darum, Lehren aufzustellen, sondern Menschen zur Veränderung zu bewegen, sodass sie nach Gottes Vorstellungen leben und somit ein erfülltes und in geistlicher Hinsicht ertragreiches Leben führen.

Die kolossische Irrlehre

Diesem Ziel steht aber eine bestimmte Lehre, mit der einige in der Gemeinde liebäugeln, im Weg. Wie diese im Detail aussah, wissen wir nicht. Denn wir kennen sie nur aus dem Kolosserbrief und können daher keine anderen Quellen heranziehen, um uns von ihr ein genaueres Bild zu machen. Es handelt sich nicht um eine weitverbreitete antike Philosophie (wie z. B. die des Platon), auch wenn Paulus sie als „Philosophie" beschreibt (2,9). Denn der Begriff umfasste damals auch religiöse Strömungen, und die **kolossische Irrlehre** ist als solche aufzufassen.

Dem Kolosserbrief sind folgende Merkmale dieser Irrlehre zu entnehmen: Sie hat erstens eine starke jüdische Prägung: Ihre Anhänger werden angehalten, sich an die Speisegebote sowie an die jüdischen Feiertage, wie wir sie aus dem Alten Testament kennen, zu halten (2,16). Zweitens ist ihr ein Hang zur Askese anzumerken: Unter anderem gehört regelmäßiges Fasten zu ihrem Markenzeichen (2,18.21). Drittens zielt sie auf visionäre Erfahrungen, die es ihren Anhängern ermöglichen, Engelwesen zu sehen, welche von ihnen gebührende Ehrerbietung fordern (2,18).

Auf dem Hintergrund des antiken Denkens lässt sich anhand dieser Merkmale folgendes Bild von der kolossischen Irrlehre ausmalen: Menschen damals waren der Meinung, dass ihr Leben wesentlich von Geistesmächten – oft wurden diese in Verbindung mit den Sternen gebracht – beeinflusst war. Es galt, die guten Mächte zu Verbündeten zu machen und den bösen Mächten aus dem Weg zu gehen. Das Glück, der Erfolg und die Gesundheit des Einzelnen hingen davon ab. In Kolossä scheint auch die jüdische Bevölkerung stark von dieser Denkweise geprägt zu sein – nur sprachen sie nicht von geistlichen Mächten oder Sternen, sondern von Engeln. Zwar kennt das Alte Testament eine solche Denkweise nicht, denn ihm zufolge haben nicht die Engel Vollmacht über das Leben des Einzelnen, sondern Gott allein. Trotzdem rückten die Engel mehr und mehr in den Mittelpunkt jüdischer Frömmigkeit, und manche Juden meinten, mit ihnen durch eine asketische Lebensführung in Kontakt treten und sie durch ihre Ehrerbietung als Helfer und Förderer gewinnen zu können.

Nun gab es unter den Jesus-Nachfolgern in Kolossä, wie überall in den frühesten christlichen Gemeinden, sicherlich einige Christen jüdischer Abstammung, die vielleicht von dieser Lehre stark geprägt waren oder zumindest nichts Schlechtes daran sahen. Schließlich haben sie Jesus nicht geleugnet. Sie meinten nur, es könnte nicht schaden, geistliche Hilfen neben Jesus aus anderen Quellen zu holen. Für Paulus ist die Antwort aber klar: Alles, was Jesus Christus aus dem Mittelpunkt der Aufmerksamkeit der Christen verrücken lässt bzw. jeglicher Versuch, bei jemandem anderen als Jesus allein geistliche Kraft zu suchen, hat für den Glauben und einen Christen verheerende Folgen und darf nicht geduldet werden.

Christen haben in Jesus alles, was sie brauchen, um ein gottgefälliges und erfülltes Leben zu führen. Gerade das ist die Botschaft des Kolosserbriefs, die sonst nirgends mit dieser Klarheit übertroffen wird. Gerade deswegen lohnt es sich, sich mit ihm intensiv auseinanderzusetzen.

Gliederung des Briefes

Der Kolosserbrief hat eine klare Struktur wie folgt:

1,1–2,5	**Briefanfang**		
1,1-2	Brieferöffnung		
1,3-23	Einleitung		
	1,3-8	Dank für die Kolosser	
	1,9-14	Gebet für die Kolosser	
	1,15-20	Das Christuslied	
	1,21-23	Erinnerung und Ermahnung	
1,24–2,5	Die Selbstvorstellung des Apostels Paulus		
	1,24-29	Der Auftrag des Apostels für die Völker	
	2,1-5	Das Anliegen des Apostels für die Kolosser	
2,6–4,6	**Der Hauptteil des Briefes**		
2,6-7	Einleitende Aufforderung		
2,8-19	Warnung vor der Irrlehre in Kolossä		
	2,8-15	Die Wertlosigkeit der Irrlehre	
	2,16-19	Der betrügerische Charakter der Irrlehre	
2,20–3,4	Schlüsse aus der Tauferfahrung der Kolosser		
	2,20-23	Mit Christus sterben heißt, sich den Mächten nicht zu unterwerfen	
	3,1-4	Mit Christus auferstehen heißt, in die himmlische Sphäre einzutreten	
3,5–4,6	Ethische Ermahnungen		
	3,5-11	Legt den „alten Menschen“ mit seinen Sünden ab	
	3,12-17	Zieht den „neuen Menschen“ mit seinen Tugenden an	
	3,18–4,1	Lebt standesgemäß im christlichen Haushalt	
	4,2-6	Betet und bezeugt das Evangelium	
4,7-18	**Briefschluss**		
4,7-9	Empfehlung der Briefträger		
4,10-16	Grüße		
4,15-17	Letzte Anweisungen		
4,18	Eigenhändiger Gruß und Segen		

Aus diesem Überfluss an Gesprächsstoff werden wir den Kolosserbrief im Folgenden in acht Abschnitte aufteilen und besprechen.

Hinweis des Autors: Die jeweiligen Erläuterungen zum Text des Kolosserbriefs in den Lektionen 2–9 stimmen inhaltlich ganz und in der Wortwahl an einzelnen Stellen mit meinen Ausführungen in *Der Brief des Paulus an die Kolosser,* Historisch-Theologische Auslegung, Witten: SCM R. Brockhaus/Gießen: Brunnen, 2018, überein.

1

Miteinander leben in der Familie Gottes

Philemon 1-25

EINSTIEG
(15–20 Minuten)
Wählen Sie bitte eine oder zwei Fragen aus.

1. Sind Sie von Natur aus eher pflichtbewusst oder freiheitsliebend? Welche Herausforderungen bringt Ihre Lebenseinstellung mit sich?

2. Wie reagieren Sie, wenn Sie merken, dass ein Freund bzw. eine Freundin oder ein Familienmitglied unrecht tut?

3. Haben Sie einen Bruder oder eine Schwester, mit dem bzw. der es nie so richtig glattlief? Wie sind Sie damit umgegangen?

BIBELTEXT

Ein unscheinbarer Brief, der alles ändert

1 Paulus, für sein Bekenntnis zu Jesus Christus im Gefängnis, an seinen lie-
ben Freund Philemon. Zusammen mit dem Bruder Timotheus grüße ich dich,
unseren Mitarbeiter, 2 Aphia, unsere Schwester, Archippus, der Seite an Seite
mit uns für den Glauben gekämpft hat, und die Gemeinde, die in deinem
Haus zusammenkommt. 3 Euch allen wünschen wir Gnade und Frieden von
Gott, unserem Vater, und von Jesus Christus, unserem Herrn.

Paulus und Philemon

4 Jedes Mal, wenn ich in meinen Gebeten an dich denke, danke ich meinem
Gott. 5 Denn ich höre immer wieder von deiner Liebe und von deinem Glau-
ben – von deinem Glauben an Jesus, den Herrn, und von deiner Liebe zu
allen, die zu Gottes heiligem Volk gehören. 6 Du praktizierst deinen Glauben,
indem du anderen tatkräftig hilfst, und ich bete darum, dass du gerade da-
durch zu einem immer tieferen Verständnis für all das Gute geführt wirst, das
uns durch unsere Beziehung zu Christus geschenkt ist. 7 Ja, es hat mir viel
Freude gemacht und hat mich sehr ermutigt, von deiner Liebe zu erfahren;
denn durch dich, lieber Bruder, sind die Gläubigen innerlich gestärkt worden.

Paulus und Onesimus

8 Aus diesem Grund möchte ich dich nun um etwas bitten. Ich könnte dir zwar
auch *befehlen*, das zu tun, was ich für angemessen halte; unter Berufung auf
Christus hätte ich die volle Freiheit dazu. 9 Doch um der Liebe willen werde
ich nur eine Bitte äußern. Ich tue es als der Ältere von uns beiden; ich tue es
als der Paulus, der jetzt sogar für Jesus Christus im Gefängnis ist. 10 Es geht
bei meiner Bitte um jemand, den ich als mein Kind betrachte, jemand, dessen
Vater ich geworden bin, weil ich ihn hier im Gefängnis zum Glauben an Chris-
tus geführt habe; es geht um Onesimus. 11 Er, der „Nützliche“, war dir früher
zu nichts nütze, doch jetzt ist er sowohl dir als auch mir von großem Nutzen.
12 Diesen Onesimus schicke ich nun zu dir zurück – ihn, der mir so ans Herz
gewachsen ist, 13 dass ich ihn, wenn es nach mir ginge, am liebsten hier bei mir
behalten hätte. Denn er könnte mir, solange ich noch wegen des Evangeliums
im Gefängnis bin, gute Dienste leisten – genau wie du selbst es tun würdest,
wenn du hier wärst. 14 Doch ohne deine Zustimmung wollte ich keine Entschei-
dung treffen; schließlich sollst du das, was gut ist, nicht gezwungenermaßen
tun, sondern aus freien Stücken. 15 Und wer weiß? Vielleicht ist er deshalb eine
kurze Zeit von dir getrennt gewesen, weil du ihn nun für immer bei dir haben
sollst – 16 nicht mehr als einen Sklaven, sondern als etwas weit Besseres: als
einen geliebten Bruder. Wenn er das schon für mich in so hohem Maß ist, wie
viel mehr wird er es dann für dich sein! Denn mit dir ist er sowohl durch die
irdischen Verhältnisse als auch durch die Zugehörigkeit zum Herrn verbunden.
17 Wenn du mich nun als deinen Gefährten und Mitarbeiter ansiehst, dann
nimm Onesimus so auf, wie du mich aufnehmen würdest. 18 Und sollte er dir
irgendein Unrecht zugefügt haben oder dir etwas schulden, stell es mir in
Rechnung! 19 Ich, Paulus, werde die Schuld begleichen; ich schreibe es hier
mit eigener Hand. (Eigentlich schuldest auch du mir etwas – nämlich dich
selbst; aber davon will ich jetzt nicht sprechen.) 20 Ja, lieber Bruder, lass *mich*
ein Nutznießer deiner Liebe sein; wir sind doch durch den Herrn miteinander
verbunden. Erfülle mir meinen Herzenswunsch, tu es Christus zuliebe!
21 Ich habe dir das alles im Vertrauen auf deine Einwilligung geschrieben,
und ich bin sicher, du wirst sogar noch mehr tun als das, worum ich dich
bitte. 22 Gleichzeitig bitte ich dich auch, mir eine Unterkunft bereitzuhalten.
Denn ich hoffe, dass eure Gebete erhört werden und Gott mir in seiner Gnade
ein Wiedersehen mit euch schenkt.

Grüße

23 Epaphras, der wegen der Botschaft von Jesus Christus zusammen mit mir
im Gefängnis ist, lässt dich grüßen. 24 Meine Mitarbeiter Markus, Aristarch,
Demas und Lukas senden dir ebenfalls Grüße.
25 Die Gnade des Herrn Jesus Christus sei mit jedem Einzelnen von euch!

1. Beschreiben Sie die verschiedenen Beziehungen unter den Personen, die in V. 1-3 erwähnt werden. (Siehe die Erläuterungen zum Abschnitt.) Wenn Sie wollen, stellen Sie diese grafisch dar.
2. Paulus schätzt Philemon, an den dieser Brief primär gerichtet ist, sehr. Welche Qualitäten seines Freundes hebt Paulus in V. 4-7 besonders hervor?
3. Paulus möchte Onesimus in sein Team aufnehmen, will dies aber ohne die Einwilligung des Philemon nicht tun. Mit welchen Argumenten versucht Paulus in V. 8-14, sein Ziel zu erreichen?
4. Wie würde sich die Beziehung zwischen Philemon und Onesimus verändern, wenn sie beginnen, sich als Brüder zu betrachten, wie Paulus hofft (V. 14-15)?
5. Merken Sie, wie Paulus in V. 17-20 den Druck auf Philemon erhöht? Wie tut er das und warum? Finden Sie seine Vorgehensweise angemessen oder manipulativ? Warum? (Siehe die Erläuterungen zum Abschnitt.)
6. Wer von den beteiligten Menschen (vgl. Frage 1) hat was davon, wenn Philemon der Bitte des Paulus nachkommt und Onesimus als Sklave freilässt bzw. ihn wieder zu Paulus schickt?

BIBELGESPRÄCH

(30–40 Minuten)
Wählen Sie ggf. unter den Fragen aus.

1. Erzählen Sie von einer Situation, die kompliziert und unlösbar erschien, für die sich aber überraschenderweise plötzlich eine einfache Lösung anbot. Was trug dazu bei?
2. Fühlten Sie sich jemals unter Druck, eine bestimmte Entscheidung zu treffen? Wessen Rat empfanden Sie als hilfreich und warum?
3. Familienmitglieder dürfen sich im Umgang miteinander mehr Offenheit erlauben als Bekannte. Inwiefern ist dieser familiäre Umgang in der Gemeinde möglich, wo doch alle „Geschwister im Herrn“ sind?
4. Gibt es in Ihrer Gemeinde oder in Ihrem Hauskreis Situationen, in denen man gewinnbringend die Strategie des Paulus – Menschen „zu ihrem Glück“ zu verhelfen ohne direkte Konfrontation – anwenden könnte?

AUSTAUSCH

(15–30 Minuten)
Wählen Sie ggf. unter den Fragen aus. Sie können das Gespräch mit einem gemeinsamen Gebet abschließen. Fragen, die nicht in der Gruppe thematisiert werden, können Ihnen auch als Anstoß dienen, zu Hause den Text zu vertiefen.

V. 1-3. In diesem für altgriechische Briefe typischen Briefanfang identifiziert sich Paulus nicht als „Apostel", wie sonst bei ihm üblich, sondern als „Gefangener" (vgl. auch V. 9). In einer Kultur, die sehr auf Status bedacht war, **nahm er** damit gegenüber Philemon, der wohl auf dem gleichen gesellschaftlichen Rang stand wie er, **bewusst eine untergeordnete Stellung ein.** Als ihm übergeordneter Apostel hätte Paulus Philemon befehlen oder ihm als gleichgestellter Freund einen Ratschlag erteilen können. Aber als ihm untergeordneter Gefangener kann er ihn höchstens ehrerbietig um einen Gefallen bitten.

Philemon, Aphia und Archippus sind offensichtlich Mitglieder der Gemeinde in Kolossä. Ob sie einer Familie angehören (Vater, Mutter und Sohn) oder die Leitung der Gemeinde bilden, lässt sich nicht mit Sicherheit sagen. Offiziell ist der Brief an alle drei sowie auch an die Gemeinde adressiert, und er wurde gemäß der üblichen Praxis der ganzen Gemeinde vorgelesen. Trotzdem steht Philemon ab V. 2 im Mittelpunkt, denn dort spricht Paulus bereits von „deiner Gemeinde", und die Anrede in der 2. Person Einzahl („du"-Form) erfolgt konsequent bis zur Grußliste am Schluss (V. 23).

Ein Segensspruch, wie er uns in V. 3 begegnet, ist auch für altgriechische Briefe typisch, aber Paulus verleiht ihm eine besondere Note, indem er wortspielartig die gewöhnliche griechische Formel „Grüße" (*chairein*) in „Gnade" (*charis*) verwandelt und ihr den bis heute üblichen jüdischen Gruß „Friede" hinzufügt.

V. 4-7. Nun folgt auf den Briefeingang eine Danksagung, wie es in den Briefen des Paulus üblich ist. Sie ist wie die Grußformel an altgriechische Briefformen angelehnt, und auch ihr verleiht Paulus eine christliche Note. Ging es in gewöhnlichen Briefen darum, die Adressaten in den höchsten Tönen zu loben, **so liegt es Paulus daran, Gott für sie zu danken.** Für Philemon ist er wegen seines starken Glaubens an Jesus Christus sowie seiner großen Liebe für seine Mitchristen besonders dankbar.

Worum es Paulus in V. 6 im Genaueren geht, ist nicht leicht zu entziffern. Die NGÜ deutet den Satz als Erläuterung von V. 5. Wahrscheinlicher jedoch ist, dass Paulus einen Wunsch äußert: Der Glaube Philemons solle sich dadurch ausdrücken, dass er anderen tatkräftig hilft. Dies ist der erste Hinweis im Brief, dass er ein spezifisches Anliegen hat, das er im Folgenden ausbreiten möchte.

In V. 7 nennt Paulus Philemon seinen Bruder, obwohl zwischen den beiden keine biologische Verwandtschaft besteht. Er beansprucht damit das innige Verhältnis unter Geschwistern mit all seinen Rechten und Pflichten für die Mitglieder der Gemeinde untereinander. **Diese Auffassung von der Gemeinde als Familie** gehört zu den auffallendsten Merkmalen der frühchristlichen Gemeinden.

V. 8-14. Obwohl Paulus ein Apostel ist, gibt er keine Anweisungen, sondern drückt sein Anliegen in Form einer Bitte aus. Er sei bloß ein alter Mann – das griechische Wort bezeichnet einen, der um die fünfzig Jahre alt ist: noch keinen Greis, aber für antike Verhältnisse einen eher Betagten – und dazu noch ein Gefangener. Seine Bitte betrifft Onesimus, der an dieser Stelle erstmals die Bühne betritt. Paulus nennt ihn seinen Sohn – wieder macht der Apostel bildhaft Gebrauch von einem Familienverhältnis, um die Beziehung unter Christen zu beschreiben. Konkret ist gemeint, dass Onesimus durch Paulus zum Glauben gekommen ist. Paulus ist sozusagen sein geistlicher Vater.

„Onesimus" ist ein typischer Sklavenname. Menschen, die in die Sklaverei gelangten, erhielten oft einen solchen Namen von den Sklavenhändlern oder ihren Herren. Dieser hier bedeutet so viel wie „der Nützliche". Darauf spielt Paulus an, wenn er sagt, dass Onesimus für Philemon „nutzlos" geworden war (durch seine Flucht), jetzt aber durch seine Bekehrung sowohl Philemon als auch ihm „nützlich" geworden ist, V. 11 (s. dazu auch die Einführung).

Paulus beteuert, wie sehr er vom Dienst des Onesimus während seiner Gefangenschaft profitiert hat und wie gerne er ihn in seinem Dienst behalten möchte, aber betont, dass er dazu die ausdrückliche Erlaubnis des Philemon bekommen will. So stärkt Paulus die Position des Philemon (auch vor der Gemeinde) und nimmt die Stelle eines Bittenden statt eines Befehlenden ein.

V. 15-16. Diese beiden Verse sind wohl die wichtigsten im ganzen Brief. Sie machen folgende Überzeugungen des Paulus deutlich: 1. **Hinter den Ereignissen werden Gottes Absichten deutlich.** Der Glaube des Philemon, seine Bekanntschaft mit Paulus, die Flucht des Onesimus, sein Ankommen bei Paulus, seine Bekehrung usw. sind keine zufälligen Entwicklungen, sondern sie sind von Gott sorgfältig im Voraus geplant. 2. Die Tatsache, dass Onesimus gläubig geworden ist, *muss* sich radikal auf die Beziehung zwischen ihm und Philemon auswirken, denn **nun sind sie Brüder „im Herrn"** (so wörtlich). Damit stehen sie vor dem Herrn und in der Gemeinde auf derselben Stufe, und der Text fordert unausgesprochen eine entsprechende Veränderung der „irdischen Verhältnisse" (wörtlich: „im Fleisch", d. h. hier so viel wie „im Hinblick auf ihren gesellschaftlich anerkannten Status jeweils als Herr und Sklave"). 3. Philemon wird diese Perspektive bejahen und selbst die Konsequenzen daraus ziehen. **Jegliche Basis für die Sklavenhaltung unter Christen wird durch diese neue Perspektive untergraben**, denn nicht einmal die Römer versklavten ihre Geschwister. Damit ist es nicht mehr notwendig, Philemon aufzufordern, dass er Onesimus freilässt.

V. 17-20. Paulus bürgt für etwaige finanzielle Schäden, die Philemon durch die Nachlässigkeit bzw. den Betrug des Onesimus erlitten hat. Der Philemonbrief fungiert sogar als Schuldschein dafür, wie die buchhalterischen Fachbegriffe, die hier auftreten, beweisen. Philemon darf dem Apostel alles in Rechnung stellen, was Onesimus, der wohl Verwalter im Haus seines Herrn gewesen war, an finanziellen Verlusten zu verantworten hatte. Mit dieser Geste bittet Paulus Philemon indirekt, Milde walten zu lassen.

Philemon soll eines dabei bedenken: **Er steht tief in der Schuld des Paulus**, denn durch den Apostel – so die eindeutige Botschaft – ist er zum Glauben gekommen und schuldet ihm so gesehen sein Leben (V. 19). Dieser Vers stößt bei heutigen Lesern allseits auf Unverständnis, denn er scheint im höchsten Maße manipulativ zu sein. Es gibt aber einen Rahmen, in dem auch bei uns solche Argumente erbracht werden: in Familien. Familienmitglieder schulden einander sehr viel und wissen dies instinktiv. Insbesondere stehen Kinder in der Schuld ihrer Eltern. Und die Eltern nehmen sich das Recht heraus, sie, wenn es ihnen angebracht erscheint, daran zu erinnern. Ob das immer weise ist, steht auf einem anderen Blatt geschrieben. Hier soll nur darauf hingewiesen werden, wie tief die Überzeugung des Paulus ist, dass **Christen eine Familie bilden**. Er scheut sich nicht davor, sich als Philemons Vater im Glauben einer etwas frechen Motivationshilfe zu bedienen!

V. 21-22. Der Hauptteil des Briefes endet mit einem Ausruf der Zuversicht. **Paulus ist überzeugt, dass Philemon das Richtige tun wird.** Damit bringt der Apostel einerseits zum Ausdruck, dass er einen bestimmten Ausgang erwartet. Andererseits stärkt er Philemons Position in der Gemeinde, indem er seine Vollmacht anerkennt.

Eine persönliche Note rundet den Brief ab. Paulus hofft, bald aus der Gefangenschaft entlassen zu werden und nach Kolossä zu reisen. Philemon soll ihm ein Gästezimmer bereithalten. Diese Aussage ist einer der Gründe, warum viele Ausleger meinen, der Philemonbrief sei im nahen Ephesus, statt im weit entfernten Rom, wo Paulus keinen positiven Ausgang des Prozesses gegen ihn erwartet (vgl. 2 Tim 4,6.18), geschrieben worden.

V. 23-24. Zum Schluss des Briefes richtet Paulus, wie es in den damaligen Briefen üblich war, Grüße aus. Es lassen fünf Mitarbeiter Philemon und die Gemeinde in Kolossä grüßen, und alle fünf tun dasselbe im Kolosserbrief (Kol 4,10.12.14). Epaphras hat, wie in der Einleitung schon angemerkt, die Gemeinde gegründet, ist aber jetzt bei Paulus. Markus war ein Cousin des Barnabas (Kol 4,10) und begleitete Paulus und Barnabas auf der ersten Missionsreise. Er kehrte aber frühzeitig nach Jerusalem, seiner Heimatstadt, zurück (Apg 12,25; 13,13). Daraufhin wollte Paulus ihn nicht mehr im Team haben (Apg 15,37-39). Inzwischen sind aber einige Jahre vergangen, und offensichtlich gelang es Paulus und Markus, sich miteinander zu versöhnen. Über Aristarchus lernen wir in der Apostelgeschichte, dass er aus Thessalonich stammte und Paulus öfters auf seinen Reisen begleitete (Apg 19,29; 20,4; 27,2). Demas ließ Paulus später im Stich (2 Tim 4,10), aber an ihm hat Paulus zum Zeitpunkt des Philemonbriefs nichts auszusetzen. Lukas, von dem wir in Kol 4,14 lernen, dass er von Beruf Arzt ist, war ein langjähriger Vertrauter des Apostels. Ihn kennen wir als den Autor des Evangeliums und der Apostelgeschichte.

V. 25. Der Philemonbrief endet mit einem Segen, bei dem die Gnade Jesu Christi im Mittelpunkt steht. Das ist wohl nicht von ungefähr. **Wenn Philemon, Onesimus und die anderen Gemeindeglieder die Gnade des Herrn erfahren, wird ihr Umgang miteinander von Gnade geprägt sein.** Darauf – und nicht auf seine Überzeugungskünste – verlässt sich Paulus, und deswegen erwartet er einen positiven Ausgang der kniffligen Situation in der Gemeinde in Kolossä.

Das, worauf es im Glauben ankommt

2

Kolosser 1,1-14

EINSTIEG
(15–20 Minuten)

1. Denken Sie an Ihre Schulzeit zurück. Ist es Ihren Lehrern gelungen, Theorie und Praxis in ein gutes Gleichgewicht zu bringen? Erzählen Sie von einem, der das besonders gut (oder auch schlecht!) konnte.

2. Wenn Sie eine Heldengeschichte schreiben sollten, welche Kulisse würden Sie dafür wählen (eine belagerte Burg im Mittelalter, den Wilden Westen, ein Hochhaus in Flammen etc.)? Wie würden Sie sich den Held bzw. die Heldin vorstellen?

BIBELTEXT

Paulus stellt sich den Kolossern vor

1 Paulus, Apostel Jesu Christi nach Gottes Plan und Willen, und der Bruder
Timotheus 2 an die Geschwister in Kolossä. Euch allen, die ihr aufgrund des
Glaubens mit Christus verbunden seid und zu Gottes heiligem Volk gehört,
wünschen wir Gnade und Frieden von Gott, unserem Vater.

Warum Paulus für die Kolosser dankbar ist

3 Jedes Mal, wenn wir für euch beten, danken wir Gott, dem Vater unseres
Herrn Jesus Christus, für euch. 4 Denn wir haben gehört, wie lebendig euer
Glaube an Jesus Christus ist und was für eine Liebe ihr allen entgegenbringt,
die zu Gottes heiligem Volk gehören. 5 Angespornt werdet ihr dabei von der
Hoffnung auf das, was Gott im Himmel für euch bereithält. Davon habt ihr ja
von Anfang an gehört – seit damals, als die Botschaft der Wahrheit, das Evan-
gelium, 6 zu euch gekommen ist. Und genauso, wie diese Botschaft überall
in der Welt Früchte trägt und sich immer weiter ausbreitet, genauso tut sie
das auch bei euch seit dem Tag, an dem euch Gottes Gnade zum ersten Mal
verkündet wurde und ihr erkannt habt, was diese Botschaft bedeutet.

7 Euer Lehrer in all diesen Dingen war Epaphras, unser geliebter Mitarbei-
ter und ein treuer Diener Christi, der sich mit ganzer Kraft für euch einsetzt.
8 Er war es auch, der uns von der Liebe berichtet hat, die Gottes Geist in euch
wirkt.

Was Paulus sich für die Kolosser wünscht

9 Deshalb hören wir auch seit dem Tag, an dem wir davon erfahren haben, nicht auf, für euch zu beten. Wir bitten Gott, dass er euch durch seinen Geist alle nötige Weisheit und Einsicht schenkt, um seinen Willen in vollem Umfang zu erkennen. 10 Dann könnt ihr ein Leben führen, durch das der Herr geehrt wird und das ihm in jeder Hinsicht gefällt. Ihr werdet imstande sein, stets das zu tun, was gut und richtig ist, sodass euer Leben Früchte tragen wird, und werdet Gott immer besser kennen lernen. 11 Er, dem alle Macht und Herrlichkeit gehört, wird euch mit der ganzen Kraft ausrüsten, die ihr braucht, um in jeder Situation standhaft und geduldig zu bleiben. 12 Freut euch und dankt ihm, dem Vater, dass er euch das Recht gegeben hat, an dem Erbe teilzuhaben, das er in seinem Licht für sein heiliges Volk bereithält.

Was Gott für uns in Jesus getan hat

13 Denn er hat uns aus der Gewalt der Finsternis befreit und hat uns in das Reich versetzt, in dem sein geliebter Sohn regiert. 14 Durch ihn, Jesus Christus, sind wir erlöst; durch ihn sind uns unsere Sünden vergeben.

BIBELGESPRÄCH
(30–40 Minuten)
Wählen Sie ggf. unter den Fragen aus.

1. Vergleichen Sie den Anfang des Kolosserbriefs (Kol 1,1-2) mit dem Anfang des Philemonbriefs (Phil 1-3). Welche Gemeinsamkeiten und Unterschiede fallen Ihnen dabei auf?

2. Für welche drei Eigenschaften der Gläubigen in Kolossä ist Paulus besonders dankbar (V. 4-5a)? In welchem Verhältnis stehen diese Eigenschaften zueinander? (Siehe die Erläuterungen zum Abschnitt.)

3. Was versteht Paulus unter dem Begriff „Evangelium“ und welche Wirkung schreibt er ihm zu (V. 5b-7)?

4. Was wissen wir über Timotheus und Epaphras? (Siehe die Erläuterungen zu V. 1 und 7-8.) Was können wir daraus über den Umgang des Paulus mit seinen Mitarbeitern schließen?

5. Begriffe wie „Erkenntnis“ und „Einsicht“ häufen sich in V. 9. Welche Rolle spielen sie im Leben eines Christen? (Siehe die Erläuterungen zum Abschnitt.)

6. Wie sieht ein Leben aus, das „Gott in jeder Hinsicht gefällt“? (V. 10).

7. Machen Sie ein Diagramm oder ein Bild, das die Handlung in V. 13 grafisch darstellt.

8. Wie unterscheiden sich die Gedanken „Erlösung“ und „Vergebung der Sünden“ voneinander (V. 14)? Warum gebraucht sie Paulus an dieser Stelle? (Siehe die Erläuterungen zum Abschnitt.)

AUSTAUSCH

(15–30 Minuten) Wählen Sie ggf. unter den Fragen aus. Sie können das Gespräch mit einem gemeinsamen Gebet abschließen.

1. Was hat sich bei Ihnen verändert, seitdem Sie sich zu Christus bekehrt haben? Wie hat das Evangelium Ihr Denken beeinflusst?

2. Mit welchen Aspekten eines gottgefälligen Lebens – Gutes tun, Gott besser kennenlernen, Geduld üben, dankbar sein – haben Sie bei der Umsetzung am meisten Mühe?

3. Wie passt die „kleine Geschichte“ Ihrer Errettung in die „große Geschichte“ der großen Errettungstaten Gottes in der Bibel? Inwiefern ist es wichtig, darüber nachzudenken?

ERLÄUTERUNGEN

V. 1-3. Der Anfang des Kolosserbriefs ist, wie der des Philemonbriefs, typisch für altgriechische Briefe und ganz typisch für Paulus. Die Autorenangabe in V. 1 ist z. B. identisch mit 2 Kor 1,1a. Diesmal – im Gegensatz zum Philemonbrief – bezeichnet sich Paulus als Apostel, und er betont dabei, dass er von Gott berufen wurde. **Damit beansprucht er die Vollmacht, die Gemeinde in Kolossä zu unterweisen,** obwohl er, wie in der Einleitung bemerkt, diese selbst nicht gründete. Auch typisch für Paulus (aber nicht für antike Briefe im Allgemeinen) ist die Nennung eines Mitschreibers. Über Timotheus wissen wir, dass er aus Lystra, einer Kleinstadt ca. 200 Kilometer östlich von Kolossä, stammt. Während des Aufenthalts des Paulus auf seiner ersten Missionsreise (Apg 14,8-23) kam der Halbjude Timotheus dort zum Glauben an Jesus. Als der Apostel Lystra bei der zweiten Missionsreise auf der Durchreise besuchte, nahm er den jungen Mann mit (Apg 16,1-3). Ab diesem Zeitpunkt ist Timotheus ein treuer Begleiter des Paulus, der ihn sehr schätzte und wie einen eigenen Sohn betrachtete (1 Kor 4,17; Phil 2,22).

Die Gemeinde in Kolossä bezeichnet Paulus wörtlich als „heilige und treue Brüder“. Manche Bibelübersetzungen behalten die männliche Mehrzahl „Brüder“ bei. Aber damals gebrauchte man diesen Begriff als Anrede für Gruppen, auch wenn Frauen dabei waren und sogar angesprochen wurden (Kol 3,18). Deswegen ist es durchaus angebracht, den Ausdruck mit „Geschwister“ wiederzugeben. Wie im Philemonbrief macht Paulus Gebrauch von Familienbezeichnungen fur die Gläubigen. **Diese sind „heilig“, weil sie Gott und seinen Zwecken geweiht sind** – das ist die Bedeutung des Worts im AT. Und **sie sind „treu“** – die NGÜ übersetzt das entsprechende Wort mit „aufgrund des Glaubens mit Christus verbunden“; aber es vermittelt auch, dass die Gläubigen **zuverlässige Nachfolger Jesu sind**, auf die Paulus zählen kann.

Der Segensspruch in V. 2b fängt genauso an wie der des Philemonbriefs (Phlm 3): „Gnade und Frieden von Gott, unserem Vater.“ Ihm fehlt aber der Zusatz „und dem Herrn Jesus Christus“ – am ehesten, weil Paulus gleich im nächsten Vers auf Jesus zu sprechen kommt.

V. 3-6. Wie im Philemonbrief folgt auf den Briefeingang eine für Paulus typische Danksagung für seine Adressaten (siehe die Erläuterungen zu Phlm 4-7). Er und Timotheus beteuern, dass sie mit Dankbarkeit erfüllt werden, wenn sie an die Christen in Kolossä denken. **Sie haben von dem starken Glauben der Gemeinde an Jesus Christus und ihrer Liebe untereinander gehört und sind überzeugt, dass diese von ihrer Hoffnung herrührt, dass Gott ihre Hingabe „im Himmel“ belohnen wird.** Diese Dreierkette – Glaube, Liebe, Hoffnung – fasst für Paulus das Wesen dessen, was wir oft bloß „Glaube“ nennen, zusammen (siehe 1 Kor 13,13; 1 Thess 1,3; 5,8). Hier werden sie wie folgt aufeinander bezogen: Der Glaube an Jesus bringt Liebe hervor, die von der Hoffnung getragen wird, dass unser Festhalten am Glauben nicht vergeblich sein wird. Oft nehmen wir daran Anstoß, dass wir dafür im Himmel belohnt werden, aber Paulus greift hier nur auf, was Jesus konsequent lehrte (siehe Mt 5,12; 10,41; 25,31-46).

Paulus erinnert die Christen in Kolossä als Nächstes daran, woraus sie ihre Hoffnung geschöpft haben: aus dem Evangelium, das er wörtlich als „Wort der Wahrheit“ (siehe auch Eph 1,13; Jak 1,18) beschreibt. Es ist die gleiche Botschaft, die überall in der Welt (d. h. aus seiner Sicht das Römische Reich) „heranwächst“ und „Früchte trägt“. Das sind Begriffe aus der Landwirtschaft, und sie erinnern an das Gleichnis, das Jesus vom viererlei Boden erzählte (siehe Mk 4,3-20): Ein Bauer streute Saat aus, die auf vier verschiedene Arten Boden fiel. Die Saat, die auf guten Boden fiel und einen bis zum hundertfachen Ertrag einbrachte, ist in diesem Gleichnis das Wort Gottes. Und der gute Boden sind die Herzen der Mensch, die dafür offen sind. Gut möglich, dass Paulus auf dieses Gleichnis anspielt. **Jedenfalls freut er sich, dass die Kolosser das Evangelium so bereitwillig annehmen.** Auch bei ihnen ist diese gute Saat aufgegangen und hat eine ertragreiche Ernte erzielt.

V. 7-8. In diesen Versen lernen wir, wie in der Einleitung bereits erwähnt, dass nicht Paulus, sondern sein Schüler Epaphras die Gemeinde in Kolossä gegründet hat. Epaphras war selbst ein Kolosser (siehe Kol 4,12), den der Apostel für den Missionsdienst ausgebildet hatte. Dieser bedarf also keiner weiteren Vorstellung, denn die Gemeinde kennt ihn sehr gut. Paulus will aber den Christen dort versichern, dass sein geliebter Mitarbeiter sein vollstes Vertrauen genießt. Für die Botschaft, die Epaphras ihnen überbrachte, bürgt Paulus selbst. Sie entspricht ganz und gar dem Evangelium, das er überall predigt. (Hier ist vielleicht der erste Hinweis zu finden, dass andere Lehren in die Gemeinde einwirken, die mit dieser Botschaft nicht im Einklang stehen.) Epaphras war es, der Paulus und Timotheus von der erfreulichen Entwicklung der Gemeinde berichtete.

V. 9-12. Auf die Danksagung in Kol 1,3-8 folgt – typisch für Paulus (auch wenn er im Philemonbrief fehlte) – ein Gebetsbericht. Dieser weist eine zunächst verblüffende Dichte an theologischen Gedanken auf, die unter den Briefen des NT ihresgleichen sucht. Der Text lässt sich deswegen nur mit etwas Geduld erschließen. Klar ist jedoch sofort, wie sehr Paulus sich im Gebet für die Christen in Kolossä einsetzt. Er und Timotheus beten unaufhörlich (d. h. nicht andauernd, sondern immer wieder) für sie. Das waren auch keine Stoßgebete von der Sorte wie „Gott, segne auch die Kolosser“, sondern sie hatten eine ganz klare Zielrichtung. Paulus betet nämlich, dass sie – so wörtlich – „mit der Erkenntnis des Willens Gottes erfüllt werden“.

Richtige Erkenntnis spielt bei Paulus eine wichtige Rolle, besonders im Kolosserbrief (siehe 1,10; 2,2; 3,1). Sie ist keine Nebensache, etwa nach dem Motto „Hauptsache, sie tun das Richtige“. Wenn es Gott nur darum ginge, dass er an der schnellen und effizienten Ausführung seines Willens interessiert wäre, hätte er Roboter erschaffen können. Damit hätte er sich so manchen Ärger erspart! Aber **Gott wollte Menschen, die verstehen, nicht nur was er will, sondern warum**. Erkenntnis ist in Gottes Augen vielmehr die Voraussetzung für richtiges Handeln. Wie ein guter Lehrer, der Theorie und Praxis in das richtige Verhältnis zueinander setzt, weiht uns Gott in seine Pläne ein, damit wir begreifen, warum wir dies oder jenes tun sollen, und so mit mehr Freude und Motivation ans Werk gehen.

Diese Perspektive wird die Kolosser sehr überrascht haben. Denn sie sind in einem religiösen Umfeld aufgewachsen, in dem das, was die Götter wollten, einem schleierhaft und zweideutig blieb. Das Verlangen danach, ihre Beweggründe und Handlungsweisen zu verstehen, hätten die Götter für anmaßend gehalten und sogar gestraft. Wie anders der wahre Gott, der sich in Jesus Christus offenbart! Er verfolgt klare und einheitliche Ziele und möchte, dass die Menschen diese begreifen.

Das heißt aber noch lange nicht, dass wir uns die Erkenntnis des Willens Gottes selbst verschaffen können. Dazu gelangt man nur durch „die Weisheit und Einsicht, die der Geist Gottes schenkt". Diese beiden Begriffe – Weisheit und Einsicht – werden in der alttestamentlichen Weisheitsliteratur (d. h. Hiob, Psalmen, Sprüche, Prediger) sehr oft miteinander in Verbindung gebracht und legen sich gegenseitig aus. Dort wie hier geht es nicht bloß um Lehrsätze, die man sich einprägen sollte. **Das biblische Verständnis von Weisheit bzw. Einsicht zielt auf eine Veränderung im Denken, die sich im Verhalten niederschlägt**. Das machen die weiteren Ausführungen von Paulus deutlich. Denn die Erkenntnis des Willens Gottes, von der in V. 9 die Rede ist, soll laut V. 10 die Gläubigen in die Lage versetzen, „ein Leben zu führen, durch das der Herr geehrt wird und das ihm in jeder Hinsicht gefällt". Darin besteht für Paulus das Ziel des Lebens. Wörtlich heißt es „des Herrn würdig wandeln", – eine etwas veraltete, an das Hebräische angelehnte Ausdrucksweise, die manche Bibelübersetzungen immer noch vorziehen. Das ist ein Thema, auf das Paulus öfters zu sprechen kommt (siehe Röm 8,8; 1 Kor 7,32-33; Gal 1,10; 1 Thess 2,4 etc.).

Aber wie sieht ein Leben aus, das Gott gefällt? Paulus beschreibt das genauer in V. 10b-12. Er listet vier Dinge auf, die dazugehören (im Griechischen ist diese Vierteilung deutlicher als in der NGÜ):

Erstens soll der Gläubige **„stets das tun, was gut und richtig ist"**. Wörtlich heißt es, „im Hinblick auf jedes erdenkliche gute Werk Frucht tragen". Wir werden nicht aufgrund von den guten Werken, die wir tun, gerettet, aber wir werden gerettet, damit wir gute Werke tun.

Zweitens soll man **„Gott immer besser kennenlernen"** (wörtlich: „in der Erkenntnis Gottes wachsen"). Wir haben oben schon gesehen, dass Gott uns Erkenntnis von sich und seinem Willen schenken will. Paulus macht klar, dass diese Erkenntnis keine einmalige Schenkung ist, sondern wir sollen darin wachsen. Der Nachfolger Jesu versteht mit zunehmender Reife immer mehr von Gottes Wegen und vertraut ihm auch in immer größerem Ausmaß.

Drittens sollen wir **uns mit der Kraft Gottes ausrüsten lassen**, damit wir in jeder Situation standhaft und geduldig bleiben. In dieser Aussage stecken ein Rätsel und ein Geheimnis zugleich. Einerseits betont Paulus, wie überaus mächtig die Kraft Gottes ist. Andererseits wird sie uns nicht geschenkt, damit wir bewundernswerte Leistungen oder übermenschliche Taten vollbringen, sondern damit wir in schwierigen Situationen ausharren und den Mut nicht verlieren. Hier begegnet uns, wie es Luther zum Ausdruck brachte, keine „Theologie der Herrlichkeit", sondern eine „Theologie des Kreuzes". Denn wie bei Jesus offenbart sich die Stärke Gottes in unserer Schwäche (2 Kor 12,9).

Viertens und letztens sollen die Nachfolger Jesu **sich darüber freuen und Gott dafür danken,** „dass er uns das Recht gegeben hat, an dem Erbe teilzuhaben, das er in seinem Licht für sein heiliges Volk bereithält". Mitten in diesem Satz wechselt Paulus im Urtext von der 2. Mehrzahl („Ihr"-Form) zur 1. Mehrzahl („Wir"-Form). Instinktiv schließt er sich den Kolossern in dieser Hinsicht an. Die Ausdrucksweise ist dem AT entnommen (siehe z.B. 5 Mo 12,12; 14,27.29). So wie Gott die Israeliten aus Ägypten geführt und ihnen versprochen hat, dass sie einen „Anteil am Erbe" des Gelobten Landes haben werden, so verspricht er uns, dass wir an dem viel größeren Erbe des Himmels, das er für sein heiliges Volk vorbereitet hat, teilhaben werden.

V. 13-14. Die Rede vom „Anteil am Erbe" bzw. vom „Licht" in V. 12 veranlasst Paulus dazu, die Kolosser daran zu erinnern, wie es dazu kam, dass er und sie Gottes Erben geworden sind. Gott hat sie nämlich aus der „Gewalt der Finsternis befreit und hat uns in das Reich versetzt, in dem sein geliebter Sohn regiert". Auch das ist eine Formulierung, die an den Auszug aus Ägypten im AT erinnert. Die Israeliten waren Sklaven im Machtbereich des Pharao, und Gott hat sie daraus gerettet. Paulus gebraucht dieses Bild, um zu beschreiben, was mit uns Christen geschieht. Er stellt sich die geistliche Welt als zwei Herrschaftsbereiche vor. In dem einen regieren die Mächte der Finsternis, in dem anderen der Sohn Gottes. **Gott hat eine Rettungsaktion durchgeführt und uns aus der Gewalt des Bösen „befreit" und unter die Herrschaft Jesu „versetzt".**

Jetzt und im Folgenden ist die ganze Aufmerksamkeit auf Jesus gerichtet. Er ist der große Held einer spannenden Geschichte. Die Kolosser sollen angesichts der Irrlehre, die sie in eine andere Richtung zieht, verstehen, dass wir unsere Errettung ganz und gar ihm verdanken: „Durch ihn, Jesus Christus, sind wir erlöst; durch ihn sind uns unsere Sünden vergeben." Hier macht Paulus von zwei Gedanken aus dem AT Gebrauch, die näher beschreiben, was bei unserer Errettung geschehen ist:

Der erste Gedanke ist „Erlösung": Das ist ein Begriff vom Sklavenmarkt. Es handelt sich um den Preis, der dafür bezahlt werden musste, um einen Sklaven zu befreien (3 Mo 19,20; 25,47-49). Er wurde häufig verwendet, um den Auszug aus Ägypten bildhaft darzustellen (z.B. 2 Mo 6,6; 15,3).

Der zweite Gedanke, „Vergebung der Sünden", steht im späteren AT in engem Zusammenhang mit der von Gott versprochenen Rückkehr aus dem Exil. (Das Nordreich Israel wurde im 8. Jh. v. Chr. nach Assyrien und das Südreich Juda im 6. Jh. v. Chr. nach Babylon verschleppt.) Dabei stand nicht der Einzelne mit seinen Sünden im Mittelpunkt, sondern die Schuld des Volkes als Ganzes. Dafür war das Exil die Strafe. Aber Gott sagte, dass die Zeit kommen würde, da er sie aus dem Exil herausführen würde, wie damals beim Auszug aus Ägypten. Und im Zuge dessen wird er ihre Sünden vergeben (Jes 33,24; Jer 31,34; Hes 36,22-36).

Somit verknüpft Paulus die zwei großen Rettungsmotive aus dem AT miteinander und bezieht sie auf Jesus: Wie Gott sein Volk zuerst aus Ägypten und später aus dem Exil herausgeführt hat, so hat er uns durch die Rettungstat Jesu aus der Gefangenschaft der Sünde geholt. Das ist und bleibt die größte Befreiungsaktion aller Zeiten.

Christus, Herr und Versöhner der Welt

3

Kolosser 1,15-23

EINSTIEG

(15–20 Minuten) Wählen Sie bitte eine oder zwei Fragen aus.

1. 1. Gibt es ein Lied oder ein Gedicht, von dem Sie so ergriffen sind, dass Sie es auswendig gelernt und öfters zitiert haben? Welches? Was fanden Sie so bewegend daran?

2. Erzählen Sie von einem Ereignis in Ihrem Leben, bei dem alles passte bzw. wie geschmiert lief – oder bei dem alles schiefging.

3. Haben Sie jemals gegen Widerstand einen Kurs eingeschlagen, von dem Sie wussten, dass er richtig war? Wie ist es Ihnen dabei ergangen – und was hat Ihnen geholfen, sich durchzusetzen?

BIBELTEXT

Ein Loblied auf Christus

15 Der Sohn ist das Ebenbild des unsichtbaren Gottes, der Erstgeborene, der
über der gesamten Schöpfung steht. 16 Denn durch ihn wurde alles erschaf-
fen, was im Himmel und auf der Erde ist, das Sichtbare und das Unsichtbare,
Könige und Herrscher, Mächte und Gewalten. Das ganze Universum wurde
durch ihn geschaffen und hat in ihm sein Ziel. 17 Er war vor allem anderen da,
und alles besteht durch ihn. 18 Und er ist das Haupt der Gemeinde, das Haupt
seines Leibes. Er ist der Anfang der neuen Schöpfung, der Erste, der von den
Toten auferstand, denn nach Gottes Plan soll er in allem den ersten Platz ein-
nehmen. 19 Ja, Gott hat beschlossen, mit der ganzen Fülle seines Wesens in
ihm zu wohnen 20 und durch ihn das ganze Universum mit sich zu versöhnen.
Dadurch, dass Christus am Kreuz sein Blut vergoss, hat Gott Frieden geschaf-
fen.

Die Versöhnung durch Christus umfasst alles, was auf der Erde, und alles, was im Himmel ist.

Was uns das Loblied sagen will

21 Auch ihr seid darin eingeschlossen. Früher lebtet ihr fern von Gott, und
eure feindliche Haltung ihm gegenüber zeigte sich an all dem Bösen, was ihr
getan habt. 22 Doch jetzt hat Gott euch mit sich versöhnt durch den Tod, den

Christus in seinem irdischen Körper auf sich nahm. Denn Gott möchte euch
zu Menschen machen, die heilig und ohne irgendeinen Makel vor ihn treten
können und gegen die keine Anklage mehr erhoben werden kann. [23]Voraus-
setzung dafür ist, dass ihr euer Leben auch weiterhin fest und unerschütter-
lich auf das Fundament des Glaubens gründet und euch durch nichts von der
Hoffnung abbringen lasst, die Gott euch mit dem Evangelium gegeben hat.
Ihr habt diese Botschaft gehört; es ist die Botschaft, die überall in der Welt
verkündet worden ist und in deren Dienst Gott mich, Paulus, gestellt hat.

BIBELGESPRÄCH

(30–40 Minuten)
Wählen Sie ggf. unter den Fragen aus.

1. V. 15-20 stellen ein frühchristliches Lied mit zwei Strophen und einem Refrain dar. Identifizieren Sie anhand der Darstellung übereinstimmende Elemente in den beiden Strophen. (Siehe die Erläuterungen zum Abschnitt.)

2. Warum setzt Paulus an dieser Stelle des Kolosserbriefs ein Lied ein und warum hat er dieses Lied gewählt?

3. Was bedeutet es, dass Jesus „das Ebenbild Gottes“ ist (V. 15)? (Siehe auch die Erläuterungen zum Abschnitt.)

4. Welche Rolle spielte der Sohn Gottes bei der Erschaffung des Universums (V. 16)?

5. Was ist damit gemeint, dass „alles durch Jesus besteht“ (V. 17)?

6. Was bedeutet es, dass Gott „mit der ganzen Fülle seines Wesens“ Jesus bewohnt (V. 19)?

7. Wie ist es zu verstehen, dass Gott alles mit sich durch Jesus bzw. durch seinen Tod versöhnt (V. 20)? (Siehe die Erläuterungen zum Abschnitt.)

8. Welche Auswirkungen hat es, wenn wir mit Gott versöhnt leben? Welche Aufgaben kommen uns dabei zu (V. 21-23)?

1. Wie kein anderer Text in der Bibel schreibt Kol 1,15-20 Jesus eine unvergleichlich hohe Stellung zu. Wie hat sich Ihr Bild von ihm durch die Auseinandersetzung mit diesem Text verändert?

2. Auf welchen Gebieten Ihres Lebens neigen Sie dazu, Hilfe oder Unterstützung aus anderen Quellen neben Jesus zu holen?

3. Welche Auswirkungen würde es in Ihrem Leben haben, wenn Sie Jesus die Stellung geben würden, die ihm im Universum zukommt? Oder wenn Sie mit ihm ganz versöhnt leben würden?

AUSTAUSCH

(15–30 Minuten) Wählen Sie ggf. unter den Fragen aus. Sie können das Gespräch mit einem gemeinsamen Gebet abschließen.

ERLÄUTERUNGEN

V. 15-20. Auch wenn man es auf den ersten Blick – besonders in modernen Bibelübersetzungen wie der NGÜ – nicht sieht: Diese Stelle weist eindeutig dichterische Züge auf, jedenfalls nach den damaligen Regeln der Kunst. (Bei antiken Gedichten kommt es nicht in erster Linie auf das Reimen oder den Sprachrhythmus an wie im Deutschen, sondern auf Übereinstimmung der Wörter und Ideen.) Das erkennt man am besten, wenn man den Text möglichst wörtlich übersetzt und seine Struktur hervorhebt. Das sieht wie folgt aus:

15 Er ist das Ebenbild des unsichtbaren Gottes,
der „Erstgeborene" über alle Schöpfung.
16 Denn in ihm wurde alles geschaffen
im Himmel und auf Erden,
das Sichtbare und das Unsichtbare,
Throne und Herrschaften,
Mächte und Gewalten;
alles wurde durch ihn und für ihn geschaffen.
– 1. Strophe

17 Er ist vor allem,
und in ihm hat alles Bestand.
18 Er ist das Haupt des Leibes, der Gemeinde.
– Refrain

Er ist der Anfang,
der „Erstgeborene" von den Toten,
sodass er in allem den Vorrang hat.
19 Denn Gott wollte mit seiner ganzen Fülle in ihm wohnen,
20 damit alles durch ihn und für ihn versöhnt wird,
indem er durch das Blut seines Kreuzes Frieden stiftet – alles im Himmel und auf Erden.
– 2. Strophe

Anhand dieser Darstellung sieht man deutlich, wie der Text in zwei Strophen – V. 15-16 und V. 18b-20 – gegliedert werden kann. Diese sind elegant aufeinander abgestimmt. Beide Strophen beginnen mit einer bedeutungsträchtigen Aussage darüber, wer Jesus ist („Er ist das Ebenbild"/ „Er ist der Anfang"). In beiden Strophen kommen die Ausdrücke „Erstgeborener" sowie „Himmel und Erde“ einmal und das Wort „alles“ dreimal vor. Schließlich finden wir drei verschiedene Begriffe – „in ihm“, „durch ihn“ und „für ihn“ – je einmal in beiden Strophen. Das ist nicht zufällig geschehen, sondern da hat sich jemand bei der Gestaltung des Gedichts viel Mühe gegeben!

Zwischen den Strophen steht der Refrain in V. 17-18a. Auch er ist kunstvoll gestaltet und besteht aus drei knapp gehaltenen Zeilen. Die erste Zeile des Refrains dient dazu, die erste Strophe zusammenzufassen, und die letzte Zeile fasst die zweite Strophe zusammen (darauf verweisen die beiden Pfeiler in der Darstellung). Die mittlere Zeile, die auch den Mittelpunkt der Komposition als Ganzes bildet, bringt den Hauptgedanken des Gedichts zum Ausdruck.

Diese Aufschlüsselung des Textes ermöglicht eine klare Deutung: Die erste Strophe hebt die Vorrangstellung Jesu über alle anderen Wesen im Universum hervor, weil er sie geschaffen hat. Die zweite Strophe betont die Vorrangstellung Jesu über die Gemeinde, weil er die Versöhnung mit Gott möglich gemacht hat. **Die Hauptbotschaft des Gedichts ist, dass alles in Jesus besteht.**

Nun wissen wir, dass die frühen Christen in ihren Gottesdiensten gerne gesungen haben, und es ist anzunehmen, dass es sich bei unserem Text um ein Lied handelt, das zur Liedersammlung der Gemeinde in Kolossä gehörte. Denn in Kol 3,16 ermutigt sie Paulus, sich gegenseitig mit „Psalmen, Hymnen und geistlichen Liedern“ zu belehren und zu ermahnen. Hier scheint er seinem eigenen Rat gefolgt zu sein, indem er seinem Anliegen ein solches Lied voranstellt und dies als Ausgangspunkt für seine anschließenden Ausführungen gebraucht. Es ist möglich, dass es von Paulus selbst geschrieben worden war. Aber es ist eher davon auszugehen, dass wir es einem seiner Mitarbeiter, vielleicht sogar Epaphras, dem Gründer der Gemeinde, verdanken.

Warum zitiert Paulus ein Lied an dieser Stelle? Wir haben in der Einleitung bemerkt, dass Paulus die Gemeinde persönlich nicht kannte. Ihm ist aber zu Ohren gekommen, dass einige von den Gläubigen in Kolossä mit einer Irrlehre liebäugeln, die in Aussicht stellte, dass man von anderen Mächten neben Christus Hilfe holen könnte. **Deswegen hält er es für notwendig, korrigierend auf die Gemeinde einzuwirken, um ihren Fokus wieder ganz auf Christus zu lenken.** Wenn er sie aber direkt ermahnt hätte, hätten sie sich vielleicht gefragt: „Wer ist denn dieser Paulus – und was kümmert es uns, was er denkt?“ Indem er aber ein Lied zitiert, das die Kolosser kennen und vermutlich auch mögen, kann er ihnen die Erhabenheit Christi deutlich vor Augen führen und sich ihrer Zustimmung sicherer sein. Ein kluger Zug!

V. 15. Als „Ebenbild des unsichtbaren Gottes“ wird Christus am Anfang des Liedes bezeichnet. Das Wort „Ebenbild“ meint die abgebildete Gestalt eines Wesens. Gott, den wir mit unseren natürlichen Augen nicht wahrnehmen können, wird in Jesus sozusagen sichtbar (Joh 1,18; Hebr 1,3). Auch in 2 Kor 4,4 bezeichnet Paulus Christus als „Ebenbild Gottes“. Was will er damit sagen? Im Bericht von der Schöpfung im AT heißt es genau genommen nicht, dass der Mensch das Ebenbild Gottes „ist“, wie wir es oft ausdrücken, sondern dass er „gemäß dem Ebenbild Gottes“ geschaffen wurde (1 Mo 1,26). Sollte das heißen, dass es von Gott eine Gestalt gibt, die ihn abbildet und die für die Erschaffung der Menschen als eine Art Prototyp gilt? Zunächst klingt das vielleicht seltsam, **aber in Hes 1,26-28 sieht der Prophet Hesekiel in einer Vision den herrlichen Lichtglanz, der von Gottes Thron ausgeht, und diesen nennt er das „Ebenbild Gottes“.** Genau dieser Lichtglanz ist Paulus bei seiner Bekehrung erschienen – er berichtet, dass er heller war als die Sonne zu Mittag (Apg 26,13). Eben dieser umgab den auferstandenen Christus. **Paulus meint also in diesem Sinn, dass Jesus das Ebenbild Gottes ist: Er ist der herrliche Glanz, der von Gott ausgeht.**

Ein zweiter Begriff ist auch erklärungsbedürftig, denn von Jesus heißt es wörtlich, dass er „der Erstgeborene der ganzen Schöpfung“ ist. Das klingt merkwürdig, als wäre Jesus ein Teil der Schöpfung – immerhin das Erstgeschaffene, aber dennoch geschaffen und somit nicht ewig existent wie Gott. Das behaupten auch religiöse Gruppierungen wie die Zeugen Jehovas. Aber diese Deutung lässt sich nicht mit V. 17 in

Einklang bringen. Denn dort steht, dass Jesus vor allen geschaffenen Wesen schon da war. Das Rätsel lässt sich lösen, sobald man erkennt, dass **das Wort „Erstgeborener" ein Titel des Messias ist, der Jesus eine Vorrangstellung vor der ganzen Schöpfung einräumt** (Röm 8,29; Kol 1,18; Offb 1,5). Dieser Gebrauch geht auf Ps 89,28 zurück, wo steht, dass David – wohlgemerkt: der *letzt*geborene Sohn seiner Familie (1 Sam 17,14) – von Gott zum „Erstgeborenen", das heißt „zum höchsten unter allen Königen der Erde", gemacht wurde. Dieser Titel wird nun für Jesus beansprucht.

V. 16. Weiter wird von Jesus behauptet, dass – so wörtlich – „in ihm" alles geschaffen wurde. Es ist nicht ganz klar, was damit gemeint ist. Am ehesten bringt das Lied damit zum Ausdruck, dass Jesus auf jeden Fall an der Schöpfung beteiligt war.

Der Autor des Lieds hätte es bei der Aussage, dass in Jesus „alles" geschaffen wurde, belassen können, aber er geht näher darauf ein: Er hat alles, was im Himmel und auf der Erde ist, das Sichtbare und das Unsichtbare, geschaffen. Damit spielt er auf 1 Mo 1,1 an: „Am Anfang schuf Gott Himmel und Erde." Der Himmel ist der Bereich der unsichtbaren Wesen, und die Erde ist der Wohnraum aller sichtbaren Wesen. Und ob im Himmel oder auf der Erde: Es gibt Wesen, die Vollmacht über andere haben – „Könige und Herrscher, Mächte und Gewalten". Auch diese sind von Jesus geschaffen worden. **Das heißt in weiterer Folge, dass es keine Machthaber im Kosmos gibt, vor denen die Gläubigen in Kolossä Angst haben müssten, und auch keine, von denen sie geistliche Hilfe bekommen könnten, die sie nicht längst in Christus haben.**

Es gehört zu den frühesten Bekenntnissen der ersten Christen, dass „alles durch Christus geschaffen wurde" (siehe 1 Kor 8,6). Was das genau bedeutet, ist auch nicht ganz klar, aber Jesus scheint bei der Schöpfung eine Vermittlerrolle gespielt zu haben. Wir liegen nicht ganz daneben, wenn wir uns das so vorstellen: Der Sohn Gottes führt bei der Schöpfung die Baupläne des Vaters aus.

Einmalig im NT hingegen ist die Behauptung, dass „das Universum in ihm sein Ziel hat" (wörtlich: „alles wurde für ihn geschaffen"). **Der ganze Kosmos einschließlich der Menschen ist auf Jesus ausgerichtet, soll ihm untergeordnet sein und ist ein Geschenk des Vaters an ihn.** Die ganze Schöpfung soll ihm Ehre bringen.

V. 17. Wie die Darstellung oben klarmacht, dient die erste Hälfte dieses Verses als erste Zeile im Refrain und fasst die erste Strophe zusammen: „Er war vor allem anderen da." Damit wird wiederum zum Ausdruck gebracht, dass Christus seit ewig existiert und selbst kein Geschöpf ist. Die zweite Vershälfte stellt die mittlere Zeile des Refrains dar und behauptet Unüberbietbares: „Alles besteht durch ihn." **Jesus erhält das ganze Universum. Gäbe es ihn nicht, würde es sonst nichts geben. Er hält auch alles am Laufen. Die Prozesse und Vorgänge, die das Leben möglich machen, ob bei den Molekülen oder den Sternen, laufen wie geschmiert, weil Jesus darüber wacht.**

V. 18. An dieser Stelle nimmt das Lied eine unerwartete Wende. V. 18a funktioniert als Zusammenfassung der zweiten Strophe des Lieds, wie die Darstellung zeigt. Ging es in der ersten Strophe um das Verhältnis Jesu zur Schöpfung, geht es hier in erster Linie um sein Verhältnis zur Gemeinde. Dabei stellt sich der Schreiber die Gemeinde bildhaft als menschlichen Körper vor, deren Kopf Christus selbst bildet. Wiederum sind die Machtverhältnisse klar: Der Kopf bestimmt, was der Körper tut.

Die zweite Strophe beginnt in V. 18b mit der schlichten Behauptung: „Er ist der Anfang." Mit der NGÜ kann man die Worte „der neuen Schöpfung" ergänzen, denn es geht tatsächlich nicht mehr um das, was Jesus bei der Schöpfung der Welt getan hat, sondern darum, was mit seiner Auferstehung begann. Als „Erstgeborener von den Toten" – so wörtlich – setzt er die von Gott im AT verheißene Erneuerung der Welt in Gang. (Hier kommt beim wiederholten Ehrentitel „Erstgeborener" der Gedanke der zeitlichen Vorrangstellung wesentlich stärker zum Tragen.) Viele werden ihm bei ihrer Auferstehung folgen.

Jesus ist aber nicht nur zeitlich der Erste von vielen, die auferstehen werden, sondern durch die Auferstehung wird klar, dass er „in allem den ersten Platz einnehmen soll“. **Es wird also in V. 18c wiederholt auf die Vorrangstellung Jesu vor allen geschaffenen Wesen im Universum hingewiesen.**

V. 19. Warum Jesus dieser erhöhte Platz zukommen sollte, wird nun erklärt: „Gott hat beschlossen, mit der ganzen Fülle seines Wesens in ihm zu wohnen.“ Damit spielt der Autor des Lieds auf Psalm 68,17 an, wo vom Tempelberg in Jerusalem behauptet wird, dass Gott beschlossen hat, dort zu wohnen. Was also früher für das Volk Gottes der Tempel war – der Ort, wo die Anwesenheit Gottes besonders zu spüren war –, ist nun Jesus geworden. Als der Sohn Gottes Mensch geworden ist, erfüllte ihn „die ganze Fülle“ des Wesens Gottes. Das muss man sich auf der Zunge zergehen lassen. **Das bedeutet erstens, dass alles, was Gott ausmacht, sich in Jesus wiederfindet,** und zweitens, dass es keine Wesen außer Jesus gibt, die einen Anteil an Göttlichkeit haben. Keine anderen Wesen – auch keine Menschen – tragen einen Funken des göttlichen Wesens in sich.

V. 20. Die Menschwerdung des Sohnes Gottes hatte einen bestimmten Zweck: Jesus sollte am Kreuz sterben, um „das ganze Universum mit sich zu versöhnen“. Wenn Menschen in der Antike das Wort „Versöhnung“ hörten, dachten sie in erster Linie an die Einstellung von Kriegshandlungen. **Friede mit Gott resultiert daraus, dass Jesus sein Leben als Opfer für die Sünden der Menschen gab.** Dadurch wird ermöglicht, dass die Menschen, die dieses Opfer in Anspruch nehmen, wieder in eine Beziehung zu ihrem Schöpfer treten können, die zuvor von der Sünde zerstört worden ist.

Diese Versöhnung „umfasst alles, was auf der Erde, und alles, was im Himmel ist“. Dadurch wird nicht vermittelt, wie manchmal behauptet, dass jedes Wesen im Universum gerettet wird. Denn die Bibel macht an vielen anderen Stellen klar, dass das Heil kein Automatismus ist, sondern bewusst ergriffen werden muss (z.B. Röm 10,9). Es gibt aber eine andere Art von Versöhnung, von der die Bibel manchmal spricht. Sie hat damit zu tun, dass alles im Universum seinen rechtmäßigen Platz im Verhältnis zu seinem Schöpfer wiederfindet. Durch die Sünde ist nämlich die ganze Schöpfung aus dem Ruder gelaufen (Röm 8,19-21), aber **die Schöpfungsordnung wird unter der Herrschaft Jesu wiederhergestellt, und jedes Wesen wird sich in diese Ordnung einfügen.** Das ist noch nicht der Fall, aber es wird eines Tages aufgrund des großen Versöhnungswerkes Jesu am Kreuz tatsächlich so sein.

V. 21-23. Paulus hebt nun die Bedeutung des Lieds, das er gerade zitiert hat, für die Christen in Kolossä hervor: Auch sie sind in das Versöhnungswerk Christi eingeschlossen worden. Bevor sie zum Glauben gekommen sind, standen sie, wie alle Menschen, Gott feindlich gegenüber. Das machte ihr Lebensstil deutlich. Aber durch den Tod Jesu Christi sind die Bedingungen dafür geschaffen, dass die Feindschaft zwischen Gott und den Menschen überwunden ist.

Damit ist es, wie V. 22b deutlich macht, aber nicht getan. Jesus will uns nicht nur erretten, sondern „heilig“ und „ohne irgendeinen Makel“ hinstellen und uns zu Menschen machen, „gegen die keine Anklage mehr erhoben werden kann“. Die ersten beiden Begriffe sind der Opfersprache des AT entnommen und bezeichnen dort ein Opfertier, das von Gott angenommen wird. Der letzte Ausdruck entstammt der Gerichtssprache und zeigt, dass unsere Sünden nicht mehr gegen uns als Beweismaterial erbracht werden können. **Insgesamt wird damit unterstrichen, dass Jesus alles getan hat, um die Beziehung zu Gott wiederherzustellen.**

Dennoch muss eine Beziehung mit Gott angenommen und in einem gewissen Sinn auch erkämpft werden. Denn eine Hoffnung auf ewiges Leben bei Gott – davon war schon in Kol 1,5 die Rede – wollen uns viele antigöttliche Einflüsse streitig machen. Dazu zählt auch die Irrlehre, die manche in Kolossä so anziehend finden. Paulus veranschaulicht sein Anliegen mit einem Bild aus dem Bauwesen: **Das Evangelium ist wie ein Fundament, auf dem man aufbaut.** Das Fundament ist stark und unverrückbar: Solange man darauf baut und nicht auf andere Grundlagen, solange man dafür sorgt, dass man gerade baut und keine Schieflage entsteht, wird alles gut sein. Auch wenn Paulus vor Fehlentwicklungen warnt, ist sein Ton zuversichtlich. Denn die Kolosser haben der Botschaft des Evangeliums, die nicht nur bei ihnen, sondern „überall in der Welt" gepredigt wurde, ihr volles Vertrauen geschenkt. Wobei „überall in der Welt" eine literarische Übertreibung ist, auch wenn Paulus und sein Team als Missionare ganz schön weit gekommen sind.

4 Paulus stellt sich als Apostel vor

Kolosser 1,24–2,5

EINSTIEG
(15–20 Minuten)
Wählen Sie bitte eine oder zwei Fragen aus.

1. 1. Welche „Pioniere“ – Menschen, die eine Sache als erste mutig vorantreiben – beeindrucken Sie am meisten?

2. Erzählen Sie von einem Erlebnis, das Ihnen schleierhaft war. Und das dann verständlich erschien, nachdem man Ihnen etwas dazu erklärt hatte.

3. Gibt es einen Menschen, dem Sie nie begegnet sind, der Ihnen aber dennoch viel bedeutet?

BIBELTEXT

Wie Paulus seinen Auftrag als Apostel versteht

24 Angesichts von all dem freue ich mich auch über die Nöte, die ich durch-
machen muss, denn sie kommen euch zugute. Sie gehören zu den Bedräng-
nissen um Christi willen, die nach Gottes Plan noch ausstehen, und was ich
davon an meinem eigenen Körper erleide, nehme ich damit dem Leib von
Christus ab, der Gemeinde, 25 zu deren Diener Gott mich gemacht hat. Er hat
mir nämlich in Übereinstimmung mit seinem Plan die Aufgabe anvertraut,
euch seine Botschaft in ihrem ganzen Umfang bekannt zu machen. 26 In frühe-
ren Zeiten und für frühere Generationen war diese Botschaft ein Geheimnis,
das Gott verborgen hielt; doch jetzt hat er es denen enthüllt, die zu seinem
heiligen Volk gehören. 27 Ihnen wollte er zu erkennen geben, welch wunder-
baren Reichtum für die nichtjüdischen Völker dieses Geheimnis umschließt.
Und wie lautet dieses Geheimnis? „Christus in euch – die Hoffnung auf Got-
tes Herrlichkeit!“

28 Ihn, Christus, verkünden wir; wir zeigen jedem Menschen den richtigen
Weg und unterrichten jeden Menschen in der Lehre Christi; wir tun es mit
der ganzen Weisheit, die Gott uns gegeben hat. Denn wir möchten jeden da-
hin bringen, dass er durch die Zugehörigkeit zu Christus als geistlich reifer
Mensch vor Gott treten kann. 29 Das ist das Ziel meiner Arbeit; dafür mühe ich
mich ab, und dafür kämpfe ich im Vertrauen auf Gottes Kraft, die in meinem
Leben so mächtig am Werk ist.

Was sich Paulus für die Kolosser erhofft

2,1 Ich erwähne das, weil ihr wissen sollt, wie sehr ich mich für euch einsetze.
Ich kämpfe um euch und auch um die Geschwister in Laodizea und um alle
anderen, die mich nicht persönlich kennen. 2 Es geht mir darum, dass ihr ge-
stärkt und ermutigt werdet und dass ihr in Liebe zusammenhaltet. Dann wer-
det ihr eine tiefe und umfassende Erkenntnis erlangen, ein immer größeres
Verständnis für das Geheimnis Gottes. Christus selbst ist dieses Geheimnis;
3 in ihm sind alle Schätze der Weisheit und der Erkenntnis verborgen.
4 Ich sage das, damit euch niemand mit kluger Überredungskunst auf einen
falschen Weg führt. 5 Denn wenn ich auch nicht persönlich unter euch bin, bin
ich es doch mit meinen Gedanken, und es macht mir Freude zu sehen, wie
geordnet alles bei euch zugeht und wie gefestigt euer Glaube an Christus ist.

BIBELGESPRÄCH

(30–40 Minuten)
Wählen Sie ggf. unter den Fragen aus.

1. Warum glaubt Paulus, dass die Bedrängnisse, die ihm widerfahren sind, zu den „Bedrängnissen Christi" gehören (V. 1,24)? (Siehe die Erläuterungen zum Abschnitt.)

2. Inwiefern ähnelt die Aufgabe, die Paulus erteilt worden ist, dem Dienst Jesu (V. 1,25)?

3. Was genau am Evangelium ist „früheren Generationen" von jüdischen Gläubigen, die nur das AT hatten, verborgen gewesen (V. 1,26)? (Siehe die Erläuterungen zum Abschnitt.)

4. Was macht einen „geistlich reifen Menschen" aus (V. 1,28)? Wie wird man geistlich reif?

5. Warum liegen Paulus die Gläubigen in Kolossä so am Herzen, die er größtenteils nicht kennt (V. 1,29–2,1)?

6. Warum ist Paulus zuversichtlich, dass sich die Kolosser nicht beirren lassen und auf dem richtigen Weg bleiben werden (V. 2,4-5)?

AUSTAUSCH

(15–30 Minuten) Wählen Sie ggf. unter den Fragen aus. Sie können das Gespräch mit einem gemeinsamen Gebet abschließen.

1. Sind Sie schon wegen Ihres Glaubens an Jesus „in Bedrängnis" geraten? Wie hilft Ihnen die Perspektive des Paulus, um damit fertigzuwerden?

2. Welche Menschen liegen Ihnen am Herzen? Wie können Sie dazu beitragen, dass sie im Glauben reifer werden?

3. Wie steht es mit Ihnen im Hinblick auf die „Ordnung" und „Festigkeit" Ihres Glaubens (siehe die Erläuterungen zu V. 2,5)? Was können Sie unternehmen, damit diese gestärkt werden?

ERLÄUTERUNGEN

V. 24. Beim Versuch, diesen Vers zu deuten, mussten schon viele Ausleger das Handtuch werfen, denn er gehört zu den schwerstverständlichen im NT. Der erste Satz lässt sich zwar ohne große Mühe im Rahmen der Theologie des Paulus erschließen: Dass er sich über „die Nöte, die er für die Kolosser durchmachen muss" (wörtlich: „die Leiden für euch") freut, ist an sich kein neuer Gedanke. In Röm 5,3 „rühmt" er sich seines Leids, und in 2 Kor 1,4-5 sieht er darin einen positiven Zweck: Die leidvollen Erfahrungen, die er gemacht hat, helfen ihm, anderen Trost zu spenden. Diese Perspektive kann auch uns helfen, mit Leiderfahrungen besser fertigzuwerden.

An dieser Stelle geht aber Paulus um einiges weiter, denn er behauptet, dass seine Leiden den Gläubigen in Kolossä „zugutekommen". Was er genauer damit meint, versucht er im Folgenden zu erläutern. Aber es wird auf den ersten Blick nicht klarer: Seine Leidenserfahrungen „gehören zu den Bedrängnissen um Christi willen, die nach Gottes Plan noch ausstehen." Wörtlich heißt es: „Ich ergänze in meinem Fleisch, was an den Bedrängnissen Christi für seinen Leib, die Gemeinde, noch aussteht."

Wie ist das zu verstehen? Vorweg ist klarzustellen, dass mit den „Bedrängnissen Christi" nicht Jesu Leiden am Kreuz für unsere Sünden gemeint ist. Dafür gebraucht das NT ein anderes griechisches Wort. Paulus ist also nicht der Ansicht, dass der Opfertod Jesu ergänzungsbedürftig wäre und erst recht nicht, dass er ihm etwas hinzufügen könnte. Das Wort, das hier mit „Bedrängnis" übersetzt wird, bezeichnet vielmehr eine Vielfalt an schmerzhaften Erfahrungen, seien es physische oder psychische, die den Menschen üblicherweise widerfahren. **In diesem Zusammenhang denkt Paulus an die Entbehrungen, Anschuldigungen und Verleumdungen, die Jesus während seines Dienstes erleiden musste.**

Inwiefern müssen aber jene Bedrängnisse „ergänzt" werden? Manche Ausleger (auch die Übersetzer der NGÜ) meinen, Paulus stelle sich vor, dass für die Gemeinde ein gewisses Maß an Leiden von Gott vorgesehen ist, und er sei froh, wenn er mehr – und die Christen in Kolossä somit weniger – davon zu ertragen habe. Eine solche tugendhafte Haltung wäre Paulus durchaus zuzutrauen, aber die Bibel lehrt nirgends sonst, dass es sich mit dem Leiden so verhält.

Wahrscheinlicher ist, dass Paulus an das Leiden denkt, das ihm in seiner Rolle als „Diener" widerfährt. Denn sowohl unmittelbar vor als auch unmittelbar nach dieser Aussage betont er, dass er sich als „Diener" betrachtet (V. 23.25). Das machte für ihn die Berufung zum Apostel aus (1 Kor 3,5.9; 4,1). Nun wusste Paulus, dass bereits der Prophet Jesaja den Messias als „Diener" oder „Knecht" Gottes bezeichnet hat. Diesem Knecht standen viele leidvolle Erfahrungen bevor (Jes 53,1-9). Zudem hat Gott Paulus gezeigt, dass auch er viel Leid zu ertragen haben wird (Apg 9,15-16), als er ihn als Apostel zu den Völkern berufen hat. Die Bereitschaft dazu war für ihn geradezu die Voraussetzung für den Dienst als Apostel (2 Kor 6,4-10). Deswegen waren für Paulus die Bedrängnisse, die er nun als Diener Christi erlebt, von der gleichen Sorte wie die, die dem Messias Jesus, dem Diener Gottes, widerfahren sind. **Weil Paulus den Verkündigungsdienst des Messias weiterführt, muss auch er einen Teil dieser Bedrängnisse auf sich nehmen.** Schließlich kommt das der Gemeinde Jesu zugute. Und auch wenn sich Leid nie leicht ertragen lässt, erfüllt ihn diese Aussicht dennoch mit Freude.

V. 25. Bereits in Kol 1,23 hat Paulus behauptet, dass er im Dienst des Evangeliums steht. Diesen Faden nimmt er nun wieder auf und bezeichnet sich weiterführend als „Diener der Gemeinde". **Er ist überzeugt, dass Gott ihm eine wichtige Aufgabe erteilt hat:** nicht nur irgendeine, sondern eine ganz bestimmte Verwaltungsaufgabe in seinem Heilsplan, die unter anderem auch den Kolossern zugutegekommen ist. Wörtlich heißt es an dieser Stelle, dass Paulus „das Wort Gottes euch betreffend erfüllen" sollte. Er denkt vermutlich an seinen Auftrag, das Evangelium zu den nichtjüdischen Völkern zu bringen. Schon Jesaja hat vorausgesehen, dass der Knecht Gottes Frohe Botschaft nicht nur Israel, sondern auch den Völkern verkünden sollte (Jes 49,5-6). Jesus selbst hat nur den ersten Teil dieses Auftrags erfüllt. – Er predigte das Evangelium den „verlorenen Schafen des Hauses Israel" (Mt 15,24). Aber die Verkündigung des Evangeliums an die Völker überließ er nach seiner Auferstehung von den Toten seinen Jüngern (Mt 28,19). Insbesondere Paulus übertrug er die Verantwortung, die Mission zu den Nichtjuden energisch voranzutreiben (Apg 9,15; 13,47), die die anderen Apostel nur zögerlich wahrnahmen. **Mit ungeheurem Elan und unbeirrbarer Hartnäckigkeit bereiste Paulus den nordöstlichen Mittelmeerraum, um das Evangelium zu predigen und Gemeinden zu gründen.** Schließlich verdankt die Gemeinde in Kolossä ihre Existenz diesem Vorstoß des „Heidenapostels".

V. 26-27. Der Auftrag, den Paulus von Gott bekommen hat, Nichtjuden das Evangelium zu predigen, basiert auf einer Einsicht, die „früheren Generationen verborgen war". Er nennt sie ein „Geheimnis". Das bezeichnet im Sprachgebrauch der Juden im 1. Jahrhundert etwas, wovon die Menschen keine Kenntnisse haben. Es sei denn, Gott weiht sie selbst darin ein. Aus eigener Kraft oder Klugheit heraus können sie diese nicht erwerben. Dieses Geheimnis hat Gott nun aber seinen „Heiligen" – das sind keine besonders Frommen, sondern alle Christen (Kol 1,2) – offenbart: **Jesus ist nicht nur der Messias der Juden, sondern er wohnt in und unter allen Menschen, die ihm nachfolgen.** Die Christen in Kolossä, von denen wahrscheinlich nur ein paar wenige Juden waren, erwartet die gleiche herrliche Zukunft mit Gott, die er seinem Volk Israel versprochen hat (Kol 1,12). Nichtjüdische Gläubige sind „Miterben" mit den Juden, die den Messias kennen, wie Paulus an anderer Stelle sagt (Eph 3,6). Sie – und das heißt natürlich *wir,* Christen aus nichtjüdischem Hintergrund in Europa – haben den gleichen Anteil an seinem Reichtum.

Wussten die Juden im 1. Jahrhundert wirklich nichts davon? Einige der Propheten im AT haben ja eine Zeit vorausgesagt, in der die Völker nach Israel strömen und sich dem Volk Gottes anschließen werden (siehe z.B. Jes 2,1-4; Sach 14,16). Gemäß den damaligen Vorstellungen nahmen die Juden und die ersten Christen – schließlich waren sie alle Juden – es als selbstverständlich an, dass sich diese Prophezeiungen erfüllen würden, indem Nichtjuden zum Judentum konvertierten. Doch dass ausgerechnet Heiden Aufnahme in das Volk Gottes finden sollten und nicht erst Juden werden mussten, das war ihnen in der Tat nicht klar.

Das ist das Geheimnis, das Paulus offenbart wurde. Und ihm ist es maßgeblich zu verdanken, dass sich diese radikale Ansicht trotz anfänglichen Widerstands in der frühen Kirche durchsetzen konnte. Er sah früher und klarer als die anderen Apostel, dass Jesus nicht nur der Messias der Juden, sondern auch der Heiden war. Auch Letztere – wiederum: *wir* – sind uneingeschränkt zur Teilnahme am Volk Gottes berechtigt.

V. 28-29. Christus ist der allumfassende Inhalt der Verkündigung des Paulus (1 Kor 2,2). Hat Paulus in diesem Abschnitt bisher in der „Ich"-Form gesprochen, wechselt er nun bewusst zur „Wir"-Form: Er war sich seiner einzigartigen Rolle in Gottes Plan als der ursprüngliche „Apostel zu den Völkern" bewusst. Doch er wusste natürlich auch, dass er nicht der Einzige war, der die Aufgabe hatte, unter Nichtjuden das Evangelium zu verkünden. Ganz bestimmt denkt er auch an Timotheus, den Mitautor des Kolosserbriefs, und an Epaphras, den Gründer der Gemeinde in Kolossä. Auch sie hatten eine Rolle bei der Verkündigung der Botschaft gespielt, dass Jesus, der Messias, auch die Kolosser liebt und in sein Volk aufnehmen möchte.

Der Auftrag, der Paulus erteilt wurde, erschöpft sich aber nicht darin, dass Menschen bloß akzeptieren, dass Jesus ihr Retter ist. „Mit der ganzen Weisheit, die Gott uns gegeben hat" – das heißt an dieser Stelle, dass sich Paulus Mühe gibt, seine Botschaft möglichst deutlich und im Hinblick auf seine Hörer auch angemessen und zugänglich zu formulieren. „Wir zeigen jedem Menschen den richtigen Weg und unterrichten jeden Menschen in der Lehre Christi." Bei der ersten Behauptung handelt es sich gemäß dem griechischen Ausdruck um „Ermahnung". Wir denken dabei in erster Linie an Rügen, die für konkrete Fehltritte erteilt werden. Aber Paulus fasst das breiter auf. Er meint hier vor allem fortdauernde ethische Unterweisung.

Denn wie später klar wird (Kol 3,5–4,6), heißt Nachfolge Jesu, dass man sich von bestimmten Haltungen und Handlungen distanziert und sich andere aneignet. Es ist die Aufgabe der Verkündiger, den Gläubigen diese Forderungen nahezulegen. Dazu müssen auch Lehrinhalte vermittelt werden. Paulus ist keineswegs an spitzfindiger Theologie interessiert. Wie wir gesehen haben, dient die Lehre einem Zweck (siehe Kol 1,9): Wir sollen verstehen, was Gottes Plan für seine Schöpfung und insbesondere für die Menschheit ist, damit wir dementsprechend leben.

Aber auch die ethische Unterweisung ist für Paulus kein Selbstzweck. Diese hat für ihn immer ein Ziel, auf das sie hinarbeitet: Jeder soll am Ende als „geistlich reifer Mensch vor Gott treten" können. Der Versuch der NGÜ, den Sinn dieser Aussage zu fassen, ist gelungen, auch wenn es hier wörtlich heißt, dass jeder „vollkommen" sein sollte. Dieser Begriff ist der Opfersprache des AT entnommen und bezeichnet ein Opfertier, das keine Makel hat (siehe dazu 1,22). **Nicht eine abstrakte Vollkommenheit ist hiermit gemeint, sondern eine Lebensführung, die Gott gefällt.** Paulus sieht es als die Aufgabe der Verkündiger, darauf hinzuarbeiten, dass jeder Nachfolger Jesu auf dieses Ziel hinwächst.

Dieser Aufgabe hat sich Paulus völlig hingegeben. Dafür setzte er seine ganze Kraft ein. Er weiß aber zugleich, dass er diese Kraft nicht aus seinen eigenen Reserven abrufen kann, sondern es ist Gottes Kraft, die sich in seinem Leben – so wörtlich – „außerordentlich kräftig erwiesen hat".

2,1. Liest sich das Bisherige etwa wie eine offizielle Zuständigkeitserklärung des Apostels Paulus für die geistliche Entwicklung der Gläubigen in Kolossä, **so will er nun klarmachen: Sein Verantwortungsbewusstsein für sie ist nicht bloß eine Funktion seines Amts. Es entspringt vielmehr seinem tief empfundenen Interesse an ihrem Wohlergehen.** Sie sollen wissen, wie sehr er um sie „ringt". – Paulus übernimmt einen Begriff aus dem Ringsport, um die Intensität seines Engagements zu unterstreichen. In erster Linie meint er sicherlich seine Gebete. Aber vermutlich stand er Epaphras, Onesimus und vielleicht auch anderen, die an der Gründung der Gemeinde beteiligt waren, beratend zur Seite.

Genauso intensiv setzte sich Paulus für die Gläubigen in Laodizea ein. Diese 18 km nordwestlich von Kolossä und flussabwärts am Lykos gelegene Stadt war im 1. Jahrhundert von großer wirtschaftlicher und kultureller Bedeutung. Epaphras hat wohl dort zeitgleich eine Gemeinde gegründet, und offensichtlich waren die beiden Gemeinden stark miteinander verbunden. Gegen Ende des 1. Jahrhunderts rügte der Apostel Johannes die Gemeinde in Laodizea. Sie hatte sich nämlich zu stark mit ihrer Umwelt arrangiert und somit ihr geistliches Profil verloren (Offb 3,14-22). Aber zur Zeit des Kolosserbriefs ist davon noch nichts zu spüren.

Was daran erstaunlich ist: Paulus kennt kaum jemanden in diesen Gemeinden. Und dennoch fühlt er sich mit ihnen genauso verbunden wie mit Gemeinden, die er selbst gründete. **Die Menschen dort liegen ihm wirklich am Herzen.**

V. 2. Das Gebet und das Streben des Paulus in Bezug auf die Nachfolger Jesu in Kolossä (und Laodizea) richtet sich einerseits darauf, dass sie „gestärkt und ermutigt werden" und „in der Liebe zusammenhalten". Paulus stellen wir uns oft als nüchternen Lehrer vor. Aber hier merken wir, dass er die emotionale Komponente des Menschen nicht außer Acht lässt. **Er weiß sehr wohl, dass wir Ermutigung brauchen, um den richtigen Kurs beizubehalten. Auch liebevolle Beziehungen, in denen wir uns geborgen wissen, sind eine Voraussetzung für geistliche Entwicklung.**

Andererseits sollen die Gläubigen „eine tiefere und umfassendere Erkenntnis erlangen". Es geht Paulus nicht um hochtrabende Theologie, sondern um „ein immer größeres Verständnis für das Geheimnis Gottes". Mit diesem Geheimnis meint er Christus selbst. Die Irrlehrer behaupteten, dass sie ihre Anhänger in Geheimnisse einweihen, wie wir später im Kolosserbrief sehen werden. **Aber das, was notwendig ist, um ein Leben zu führen, das Gott gefällt (siehe Kol 1,9-10), ist nur in Christus zugänglich.** Darauf pocht Paulus nicht aus Fanatismus oder Stolz, der keine abweichende Meinung dulden kann. Die geistliche Entwicklung der Kolosser ist ihm wichtig, und diese sieht er durch die Irrlehre gefährdet.

V. 3-4. Warum Christus der allumfassende Inhalt seiner Verkündigung ist, macht Paulus nun in V. 3 deutlich, einem der kürzesten und dennoch am vollsten gepackten Sätze in seinen Briefen: „In Christus sind alle Schätze der Weisheit und der Erkenntnis verborgen." Das AT verknüpft die Begriffe „Weisheit" und „Erkenntnis" manchmal miteinander, um eine umfassende Einsicht in einen Sachverhalt zu bezeichnen (siehe z. B. Spr 2,6). Paulus tut das hier, um die Irrlehrer zu bekämpfen. Ihre Lehre hört sich gut an und wirkt anziehend. Sie beherrschen die Kunst der „schönen Rede" und überzeugen viele. Sie sind um Erkenntnis sehr bemüht. **Aber wirkliche Einsicht bleibt ihnen vorenthalten, denn diese ist in Jesus und nur in ihm zu erlangen.** Weil die Irrlehrer das nicht einsehen, führen sie ihre Anhänger auf einen falschen Weg. Hier wird zum ersten Mal im Brief angedeutet, aus welchem konkreten Anlass Paulus diesen Brief schreibt. Mit der Irrlehre setzt er sich inhaltlich im Hauptteil des Briefes auseinander. Hier warnt er allgemeiner vor den Menschen, die diese Lehre in die Gemeinde tragen.

V. 5. Am liebsten wäre Paulus nach Kolossä gereist, um mit den Gläubigen dort den persönlichen Austausch zu suchen. Das kann er leider nicht, weil er unter Hausarrest steht. Aber er beteuert, dass er in Gedanken – wörtlich „im Geist" – bei ihnen ist. Manche Ausleger sind der Ansicht, dass Paulus damit meint, er sei durch den Heiligen Geist wirklich dort. Aber der Ausdruck hat den Charakter einer Redewendung und soll nicht in einem solch mystischen Sinn aufgefasst werden.

Am Ende der langen Einleitung zum Brief will Paulus die Kolosser aber vor allem ermutigen: Er freut sich über die „Ordnung und Festigkeit ihres Glaubens an Christus". Diese Begriffe findet man im militärischen Kontext: „Ordnung" beschreibt die zur Aufstellung von Soldaten erforderliche Disziplin, und „Festigkeit" bezeichnet die Unnachgiebigkeit einer Frontstellung. Diese ausdrucksstarke Bildersprache vermittelt vorzüglich die Zuversicht des Paulus, dass die Kolosser die geistlichen Ressourcen besitzen, um mit der drohenden Gefahr durch die Irrlehre fertigzuwerden.

5 Warum Jesus keine Ergänzung braucht

Kolosser 2,6-15

EINSTIEG

(15–20 Minuten)
Wählen Sie bitte eine oder zwei Fragen aus.

1. Wann waren Sie das letzte Mal von einem Geschenk oder einer Errungenschaft enttäuscht? Warum?

2. Haben Sie schon mit jemandem so mitgefiebert oder mitgelitten, dass es Ihnen vorkam, als erlebten Sie das Gleiche wie diese Person? Erzählen Sie davon.

3. Welche Filmhandlung würde Sie eher interessieren: a. eine gebrochene Beziehung wird wieder heil oder b. eine Gruppe von Geiseln wird befreit?

BIBELTEXT

Warnung vor der Irrlehre in Kolossä

6 Ihr habt der Botschaft, die euch verkündet wurde, Glauben geschenkt und
habt euch Jesus Christus als dem Herrn unterstellt. Darum richtet nun euer
ganzes Verhalten an ihm aus! 7 Seid in ihm verwurzelt, baut euer Leben auf
ihm auf. Bleibt im Glauben fest und lasst euch nicht von dem abbringen, was
euch gelehrt worden ist. Für das, was Gott euch geschenkt hat, könnt ihr ihm
nicht genug danken!
8 Nehmt euch vor denen in Acht, die euch mit einer leeren, trügerischen
Philosophie einfangen wollen, mit Anschauungen rein menschlichen Ursprungs, bei denen sich alles um die Prinzipien dreht, die in dieser Welt herrschen, und nicht um Christus.
9 Dabei ist es doch Christus, in dem die ganze
Fülle von Gottes Wesen in leiblicher Gestalt wohnt.
10 Und *ihr* habt an dieser
Fülle teil, weil ihr mit Christus verbunden seid – mit ihm, der das Oberhaupt
aller Mächte und Gewalten ist.

Was Gott für uns in Christus getan hat

11 Verbunden mit ihm, seid ihr auch beschnitten worden. Allerdings handelte
es sich dabei nicht um einen äußerlichen Eingriff an eurem Körper, sondern
um das Ablegen der von der Sünde beherrschten menschlichen Natur. Das ist
die Beschneidung, die unter Christus geschieht.
12 Ihr wurdet zusammen mit
ihm begraben, als ihr getauft wurdet, und weil ihr mit ihm verbunden seid,

seid ihr dann auch zusammen mit ihm auferweckt worden. Denn ihr habt auf die Macht Gottes vertraut, der Christus von den Toten auferweckt hat.

13 Ja, Gott hat euch zusammen mit Christus lebendig gemacht. Ihr wart
nämlich tot – tot aufgrund eurer Verfehlungen und wegen eures unbeschnit-
tenen, sündigen Wesens. Doch Gott hat uns alle unsere Verfehlungen verge-
ben. 14 Den Schuldschein, der auf unseren Namen ausgestellt war und des-
sen Inhalt uns anklagte, weil wir die Forderungen des Gesetzes nicht erfüllt
hatten, hat er für nicht mehr gültig erklärt. Er hat ihn ans Kreuz genagelt und
damit für immer beseitigt. 15 Und die gottfeindlichen Mächte und Gewalten
hat er entwaffnet und ihre Ohnmacht vor aller Welt zur Schau gestellt; durch
Christus hat er einen triumphalen Sieg über sie errungen.

BIBELGESPRÄCH

(30–40 Minuten) Wählen Sie ggf. unter den Fragen aus.

1. Warum ist es Paulus so wichtig, nicht vom Evangelium abzurücken? Welche Rolle spielt dabei die Dankbarkeit (V. 6-7)?

2. Beschreiben Sie die Irrlehre in Kolossä (V. 8). (Siehe die Erläuterungen zum Abschnitt.)

3. Warum ist es angesichts der Irrlehre in Kolossä so wichtig zu wissen, dass Gott in Christus wohnt und Christus in uns (V. 9-10)?

4. Paulus spricht bildhaft von – so wörtlich – der „Beschneidung, die nicht mit Händen gemacht wird“ und der „Beschneidung Christi“ (V. 11). Was meint er konkret in beiden Fällen? (Siehe die Erläuterungen zum Abschnitt.)

5. Was bringt die Taufe eines neubekehrten Christen zum Ausdruck (V. 12)?

6. Beschreiben Sie, was alles dazugehört, dass Gott uns mit Christus wieder lebendig gemacht hat (V. 13-15).

AUSTAUSCH

(15–30 Minuten) Wählen Sie ggf. unter den Fragen aus. Sie können das Gespräch mit einem gemeinsamen Gebet abschließen.

1. Wo stehen Sie in der Gefahr, von dem Grundsatz „Jesus Christus ist Herr“ abzudriften?

2. Welche „leeren Philosophien“ stellen heute eine besondere Herausforderung für Christen dar?

3. Haben Sie schon besonders intensiv oder konkret erlebt, dass Gott Ihnen vergeben oder Sie von einer ungesunden Bindung befreit hat? Erzählen Sie davon.

ERLÄUTERUNGEN

V. 6. Nach der langen Einleitung des Briefes (1,3–2,5) will sich Paulus nun seinem Hauptanliegen widmen. V. 6-7 dienen dazu als Übergang und fassen zusammen, was er in der Einleitung zu vermitteln bemüht war. Paulus erinnert die Kolosser daran, dass sie Jesus, den jüdischen Messias, als Herrn „empfingen“ (so wörtlich). Damit ist keine liturgische Handlung wie die Taufe gemeint, aber auch nicht in erster Linie die persönliche Aufnahme Jesu im Leben eines Gläubigen. Paulus denkt vielmehr an die Gründung der Gemeinde, als die Gläubigen in Kolossä gemeinsam und aus voller Überzeugung der Botschaft des Epaphras – „Jesus Christus ist Herr“ – beipflichteten. Nun will er sie ermutigen, angesichts der Irrlehre, die bei manchen in der Gemeinde Gehör findet, gemäß diesem ältesten aller christlichen Bekenntnisse zu leben. **Denn wenn Jesus wirklich der Herr des Universums und der Gemeinde ist, wie dies im Christuslied (Kol 1,15-20) so eindrücklich dargestellt wird, dann muss sich das positiv auf das Leben eines Nachfolgers Jesu auswirken.** In den darauffolgenden Versen macht er deutlich, welche Auswirkungen zu erwarten sind.

V. 7. In Jesus, zu dem sich die Gemeinde so stark bei ihrer Gründung hinziehen ließ, soll sie nun „verwurzelt“ bleiben und „auf ihn bauen“. Paulus verwendet an dieser Stelle zwei Übertragungen (Metaphern): eine aus der Landwirtschaft von einer Pflanze, die Wurzeln schlägt, und eine aus dem Bauwesen, von einem festen Fundament, auf dem man ein stabiles Haus bauen kann. Beide vermitteln das Gefühl von Unbeweglichkeit. In einer Zeit, in der man für alles Neue offen war oder sein sollte (in dieser Hinsicht sind das 1. und das 21. Jahrhundert sehr ähnlich), erinnert der Apostel daran, dass man nicht von den grundsätzlichen Glaubensinhalten abrücken darf. Die Gläubigen in Kolossä waren darin von Epaphras unterwiesen, und sie sollen daran festhalten.

Das beste Mittel gegen die Neigung, von wesentlichen Glaubensüberzeugungen abzurücken, ist für Paulus die Dankbarkeit. Deswegen fordert er die Kolosser auf, „über das Maß hinaus dankbar zu sein“ (so wörtlich). Es gehört zu den charakteristischen Merkmalen der christlichen Lehre, dass sie unablässig zur Dankbarkeit auffordert. Aber wie kann man Dankbarkeit befehlen? Entweder ist man dankbar oder nicht, würden wir meinen. Doch die Bibel, und im NT Paulus insbesondere, gebietet sie immer wieder. Daran merken wir, dass aus seiner Sicht Dankbarkeit in erster Linie aus einer Willensentscheidung hervorgeht. Er weiß: Wer sich in Erinnerung ruft, was Jesus für ihn getan hat, als er ihn errettet und mit Gott versöhnt hat, wird mit Dankbarkeit erfüllt und ist somit nicht anfällig für etwaige konkurrierende Glaubensvorstellungen. Er wird ganz dicht bei Jesus bleiben wollen!

V. 8. Nun kommt Paulus auf die Irrlehre offen zu sprechen, die in Kolossä an Einfluss gewinnt.

Diese Lehre ist aus seiner Sicht keineswegs harmlos; das macht allein schon seine Wortwahl klar. Man müsse sich vor ihr „in Acht nehmen", denn unachtsame Menschen werden leicht von ihr „eingefangen". Das Wort, das Paulus an dieser Stelle verwendet, vergleicht solche Menschen mit einer Kriegs- oder Raubbeute, die von feindlichen Söldnern oder Piraten beschlagnahmt wird.

An dieser Lehre findet der Apostel nichts Gutes. Er beschreibt sie als „eine leere und trügerische Philosophie". **Nun hat Paulus nichts gegen philosophisches Denken an sich;** das heißt, gegen das stringente und systematische Untersuchen der wichtigsten Fragen, die das menschliche Dasein aufwirft. Die vielen gut durchdachten Argumente in seinen Briefen, darunter auch der Kolosserbrief, belegen dies zur Genüge. Philosophie im modernen Sinn ist mit dem Begriff auch nicht gemeint. Denn dieser umfasste in der Antike alle möglichen Weltdeutungsversuche, auch solche, die wir unter „Religion" einreihen. Zum Beispiel bezeichnete man damals den jüdischen Glauben oder auch Strömungen innerhalb des jüdischen Glaubens wie die der Pharisäer als „Philosophien". Darum – um eine jüdisch geprägte Glaubensrichtung und -praxis – scheint es sich in Kolossä gehandelt zu haben, wie wir im Folgenden sehen werden.

Paulus bezeichnet die Irrlehre in Kolossä einerseits als „leer" und andererseits als „trügerisch". Seine Wortwahl kommt nicht von ungefähr, denn seine weiteren Ausführungen über diese Lehre lassen sich diesen beiden Rubriken sinnvoll zuordnen: In 2,8-15 betont Paulus, dass sie im Vergleich zu seiner Verkündigung wertlos ist, indem er auf die Vorzüge der Botschaft von Christus hinweist. In 2,16-19 bringt er zum Ausdruck, dass die Irrlehre Falsches fordert bzw. verspricht und deswegen ihre Anhänger betrügt. Was die Wertlosigkeit der Lehre betrifft, führt Paulus drei Argumente gegen sie ins Feld:

Sie ist erstens „rein menschlichen Ursprungs". Wörtlich heißt es, dass sie „gemäß menschlichen Überlieferungen" ist. Paulus spielt hier auf eine Begebenheit an, von der Markus in seinem Evangelium berichtet. Jesus rügte die Pharisäer, weil sie an „menschlichen Überlieferungen" festhielten (Mk 7,6). Vieles, was die Pharisäer praktizierten, entsprach nämlich nicht den Forderungen aus dem alttestamentlichen Gesetz, sondern wurde ihm im Laufe der Jahrhunderte hinzugefügt. Dabei unterschied man nicht mehr zwischen verbindlichem ursprünglichem Anteil und den Meinungen der Rabbis, die es auslegten. **Paulus schätzt die Irrlehre in Kolossä ähnlich ein: Sie legt Wert auf Zusätze zu dem, was im Evangelium gepredigt wurde, und spiegelt somit nur die Meinung von Menschen wider.**

Bei der Irrlehre dreht sich zweitens „alles um die Prinzipien, die in dieser Welt herrschen". Wörtlich spricht Paulus von den „Elementen des Universums". In der Antike meinte man damit im konkreten Sinn die Grundstoffe, aus denen die Welt – auch unsere Körper – bestehen. Philosophen wie Platon empfanden, dass unsere Seelen davon belastet sind und befreit werden müssen. Paulus verwendet den gleichen Ausdruck in Gal 4,3.9 im metaphorischen Sinn, um dämonische Mächte zu bezeichnen. **Diese bedrücken und beängstigen die Menschen durch die Forderung nach peniblem Einhalten jüdischer Gesetzesvorschriften zu Festtagen und Speisen.** In Wirklichkeit sind es diese Mächte und nicht die materiellen Komponenten unserer Körper, die uns gefangen nehmen und von denen wir befreit werden müssen. Wie wir in der nächsten Lektion sehen werden, ging es auch genau darum in Kolossä: Die Irrlehrer drängen ihre Anhänger, jüdische Festtage und Speisevorschriften zu beachten und regelmäßig zu fasten. Sie jagen ihnen Angst ein, dass ihnen sonst wichtige geistliche Ressourcen unzugänglich bleiben.

Worum es bei der Lehre nicht geht, ist, drittens, Christus. Er, der Mittelpunkt des Universums und das Zentrum des Evangeliums, verschwindet aus dem Blickfeld der Irrlehrer. Welchen Platz er im Denken und im Leben eines Nachfolgers Jesu einnehmen soll, führt Paulus in den folgenden Versen aus.

V. 9-10. Dass „die ganze Fülle Gottes" in Jesus wohnt, wissen die Gläubigen in Kolossä aus dem Christuslied, das Paulus in der Einleitung zum

Kolosserbrief eingebaut hat (Kol 1,15-20) und auf das er an dieser Stelle Bezug nimmt (Kol 1,19). Er fügt der zitierten Liedzeile aber hier hinzu, dass diese Fülle Jesus „in leiblicher Gestalt" bewohnt. Damit stellt er sich gegen die Leibfeindlichkeit der Irrlehrer in Kolossä, die in ihren strengen Vorschriften zum Ausdruck kommt. Diese Vorschriften stellen, wie wir oben schon gesehen haben und noch genauer in Lektion 6 sehen werden, den Versuch dar, der materiellen Welt zu entfliehen, um auf eine höhere geistliche Ebene zu steigen. **Dass Christus einen Leib aus Fleisch und Blut annahm, als er in die Welt kam, erteilt allen solchen Bestrebungen eine klare Absage. Leiblichkeit ist offensichtlich gut!**

Was jetzt kommt, ist wirklich erstaunlich: Von dieser Fülle Gottes, die sich in Christus befindet, werden seine Nachfolger „erfüllt" (so wörtlich; die NGÜ übersetzt mit „Ihr habt an dieser Fülle teil" zu schwach). **Die Fülle Gottes bewohnt Christus, – d.h. alles, was Gott ausmacht, ist in Christus und sonst nirgends zugänglich –, und Christus bewohnt uns.** Worauf Paulus damit hinauswill, macht er klar, indem er Christus als „das Oberhaupt aller Mächte und Gewalten" näher beschreibt. Der Bezug zum Christuslied ist wiederum deutlich (Kol 1,16). **Keiner, der sich Christus anvertraut, muss vor bösen Mächten Angst haben, und auch gute Mächte können Christen keinen Schutz oder Hilfe bieten, die sie nicht schon längst in Christus haben.** Deswegen soll er, und nicht andere geistliche Mächte, unsere ganze Aufmerksamkeit bekommen.

V. 11. Ging es in V. 9-10 um die Erhabenheit der Person Jesu, so steht nun sein Werk, das seinen Nachfolgern – anders als die Irrlehre – das Heil bedingungslos zuspricht, im Mittelpunkt. Dieses Werk beschreibt Paulus anhand eines uns fremden, aber zumindest einem Teil seiner Leser bekannten Bildes, dem des jüdischen Ritus der Beschneidung: „In Christus seid ihr beschnitten worden." Allerdings meint er nicht die Beschneidung der Vorhaut des männlichen Gliedes, welche die Irrlehrer vermutlich als Teil ihrer Agenda gefordert haben, sondern „die Beschneidung, die nicht mit Händen vollzogen wird" (so wörtlich). Mit dieser Formulierung verweist Paulus auf ein Konzept, das im AT mehrfach vorkommt: die „Beschneidung des Herzens" (siehe z.B. 5 Mo 10,16). **So bezeichneten Mose und die Propheten eine Herzenshaltung, die sich im Gehorsam gegenüber Gott ausdrückt und ohne die auch die äußerliche Einhaltung der mosaischen Gesetze nichts bringt.**

Diese Beschneidung des Herzens erfolgt, wie es wörtlich heißt, „durch das Ablegen des fleischlichen Leibes", das wiederum mit der „Beschneidung Christi" in Verbindung gebracht wird. Die NGÜ versteht diese Ausdrücke als Beschreibung dessen, was in einem Menschen vor sich geht, wenn er an Jesus glaubt, und übersetzt sie dementsprechend abstrakt. Es ist aber wahrscheinlicher, dass Paulus an ein konkretes Ereignis denkt: die Kreuzigung Jesu. Diese vergleicht er mit einer Beschneidung, die an Christus vollzogen wurde. Beim jüdischen Ritus wird ein kleines Stück menschlichen Fleisches abgelegt; bei der Kreuzigung legte Jesus förmlich seinen Körper ab, und seine Nachfolger werden mit ihm „mitbeschnitten". Das ist zugegebenermaßen ein seltsames Bild, aber die Idee, dass Christen mit Jesus am Kreuz mitsterben, begegnet uns des Öfteren bei Paulus (siehe Röm 6,6; Gal 2,20; 2 Tim 2,11). Er will sagen: **Das Ablegen der alten „fleischlichen" Natur und das Aneignen der richtigen Herzenshaltung Gott gegenüber erfolgt dadurch, dass wir uns mit Christus in seinem Tod identifizieren.**

V. 12. Dass wir mit dieser Deutung auf der richtigen Spur sind, bestätigt das, was als Nächstes kommt. Denn auf das Mitsterben mit Christus in V. 11 (nach meiner Auslegung) folgt nun das Mitbegraben- und Mit-auferweckt-Werden mit ihm. Auch das sind Konzepte, die wir bei Paulus an anderer Stelle finden (siehe Röm 6,4; Eph 1,20). **So stellt er sich das neue Leben in Christus vor: Durch den Glauben an ihn haben wir Anteil an seinem Tod und seiner Auferstehung.** Diesen Vorgang veranschaulicht die Taufe, die zur Zeit des NT lediglich durch das Untertauchen in einem Fluss oder einem Becken erfolgte, auf eindrucksvolle Weise. Dabei ist die Taufe selbst ein Symbol, das an sich nichts bewirkt. Wie Paulus auch hier deutlich macht, stellt sie plastisch und greifbar dar, was Gott in uns bewirkt. Durch seine Macht ist Christus von den Toten auferweckt worden. Wenn wir ihm vertrauen, erweckt er uns durch Christus, mit dem wir uns in der Taufe identifizieren, zum neuen Leben.

V. 13. Wie sich Paulus das vorstellt, wird im Folgenden umfangreicher geschildert. Er ruft den Gläubigen in Kolossä in Erinnerung, dass sie vormals aufgrund ihrer „Verfehlungen" und ihres (so wörtlich) „unbeschnittenen Fleisches" geistlich tot waren. Die Formulierungen des Apostels an dieser Stelle erinnern an Eph 2,1-21 und fassen die an jener Stelle ausgeführten Argumente in aller Kürze zusammen: **Die Lage der Christen nichtjüdischen Hintergrunds war misslich. Weil sie gegen Gott gesündigt hatten, waren sie seinem Zorn ausgesetzt (Eph 2,3), und weil sie nicht dem Volk Israel angehörten, waren sie Gott fern (Eph 2,11-12).** Trotzdem hat Gott, wie Paulus auch hier beteuert, sie geistlich wieder lebendig gemacht, indem er uns „unsere Verfehlungen" vergab. Es ist bemerkenswert, dass Paulus mitten im Satz von der 2. Person Plural („Ihr"-Form) zur 1. Person Plural („Wir"-Form) wechselt, denn natürlich galt die Vergebung nicht nur den Heidenchristen, sondern jüdischen Nachfolgern Jesu wie ihm genauso!

V. 14-15. Um uns geistlich wieder lebendig zu machen, musste Gott für zwei Grundprobleme eine Lösung finden. Die zweifache Lösung dafür sprach Paulus kurz in Kol 1,13-14 an: einerseits Vergebung, andererseits Erlösung (siehe die Erläuterungen zu dieser Stelle). Hier erläutert er die beiden Lösungen näher. Was dabei in der deutschen Übersetzung nicht erkennbar ist: Die beiden Verse 14 und 15, die jeweils die Lösungen ausmalen, sind von ihrer Satzstruktur geradezu identisch und ähnlich lange. Es ist deshalb anzunehmen, dass Paulus wieder aus einem Lied zitiert, das unsere Errettung besingt. Die durchgängige Bildersprache ist ein weiteres Indiz dafür.

Das erste Problem, für das V. 14 eine Lösung bietet, ist unser Bedarf an Vergebung. Diese setzt nach biblischem Verständnis voraus, dass etwas mit der Sünde geschieht, die zwischen uns und Gott steht. Um zu erklären, was Gott tut bzw. was er mit der Sünde macht, wird das Bild eines Schuldscheins gebraucht. **Wir schulden Gott Gehorsam; d.h. wir hätten seinem Gesetz folgen müssen. Die Forderungen des Gesetzes sind auf dem Schein geschrieben und unsere Unterschrift steht darunter, und nun dient dieser Schuldschein als Anklageschrift gegen uns, weil wir Gottes Gebote gebrochen haben.** Aber Gott hat ihn „für nicht mehr gültig erklärt" – wörtlich steht: Er hat ihn „ausgelöscht". Papier (genau genommen Papyrus) war damals teuer; man warf es nicht nach einmaligem Gebrauch weg, sondern löschte die Tinte, sodass das darauf Geschriebene verschwand. Das machte Gott förmlich mit unseren Sünden. Das heißt aber nicht, dass er sie „einfach so" aus der Welt schaffte, nach dem Motto „Schwamm drüber". Das, was Gott getan hat, war rechtens, denn die Strafe für unsere Sünden trug Jesus am Kreuz. Im Lied, das Paulus zitiert, wird bildhaft dargestellt, dass der Schuldschein ans Kreuz genagelt wurde. Es wird somit klar, dass die rechtliche Basis für die endgültige Beseitigung unserer Schuld geschaffen worden ist.

Das zweite Problem, das gelöst werden muss, wird in V. 15 erörtert: Wir brauchen Erlösung von den „gottfeindlichen Mächten und Gewalten" – den Elementarmächten, die uns gefangen genommen haben, wie wir in Kol 2,9 gesehen haben. War das Bild in V. 14 im Gerichtssaal angesiedelt, so wechselt nun die Szene zum Schlachtfeld. **Gott hat den gegen ihn aufgestellten Mächten eine verheerende Niederlage erteilt und ihnen ihre Waffen abgenommen. Sie sind der ganzen Öffentlichkeit zur Schau gestellt worden und entpuppen sich dabei als lächerliche Gestalten.** (Die Szene erinnert an die Nürnberger Prozesse, als die Naziführung, vor der die Welt gezittert hatte, plötzlich wie eine Truppe schlotteriger alter Männer erschien. Man konnte sich kaum vorstellen, dass man früher einmal Angst vor ihnen haben musste.) Diese Mächte hat Christus nun besiegt. Wörtlich steht: Er „führte sie in seinem Triumphzug". In der Antike stellten römische Generale, nachdem sie ein feindliches Heer im Krieg besiegt hatten, die Kriegsgefangenen in eine Prozession. Dann überführten sie sie in die Hauptstadt, wo sie normalerweise vor dem Statthalter oder dem Kaiser hingerichtet wurden. Ein ähnliches Schicksal erwartet die Geistesmächte, die sich gegen Gott aufgelehnt haben.

So hat Gott in Christus die verheerende Lage, in der sich die Menschen befinden, gedreht. **Die zwei Probleme, die ihr Schicksal bestimmten – Schuld vor Gott und Versklavung unter den bösen Mächten – hat er endgültig gelöst.** Als Jesus am Kreuz starb, zahlte er den Preis für unsere Sünden und befreite uns von Schuld. Dabei besiegte er die Mächte, die uns gefangen hielten, und befreite uns von ihrer Herrschaft. Wir müssen es nur im Glauben annehmen.

Die Dinge mal von oben betrachten

6

Kolosser 2,16–3,4

EINSTIEG

(15–20 Minuten)

1. Wie ernst nehmen Sie es mit Familientraditionen an Feiertagen? Sollte alles Jahr für Jahr genauso laufen wie seit eh und je, oder sehen Sie das entspannter?

2. Was war das verrückteste Diät- oder Fitnessprogramm, an das Sie sich gehalten haben? Wie lange haben Sie es durchgehalten? Was war das Resultat?

BIBELTEXT

Der Betrug der Irrlehre

16 Niemand soll euch also Vorhaltungen machen wegen dem, was ihr esst
oder trinkt oder was ihr an den Festen, am Neumondstag oder am Sabbat
tut. 17 Das ist doch alles nur ein Abbild und ein Schatten der Dinge, die Gott
angekündigt hatte und die in Christus Wirklichkeit geworden sind.
18 Lasst euch das Heil von niemand absprechen, der sich darin gefällt, in
vorgespielter Demut nicht Gott selbst anzubeten, sondern die Engel, und der
sich dafür auf irgendwelche Visionen beruft, die er angeblich gehabt hat. Die
selbstsüchtige Einstellung solcher Menschen bringt sie dazu, sich ohne je-
den Grund aufzuspielen, 19 statt sich an den zu halten, der das Haupt der
Gemeinde ist. Er sorgt dafür, dass der ganze Leib – gestützt und zusammen-
gehalten durch die verschiedenen Gelenke und Bänder – so wächst, wie Gott
es möchte.

Lektionen aus der Taufe

20 Wenn ihr nun also mit Christus gestorben seid und die Prinzipien dieser
Welt für euch hinfällig geworden sind, warum lebt ihr dann so, als wärt ihr
immer noch ein Teil dieser Welt? Ihr lasst euch vorschreiben: 21 „Damit darfst
du nichts zu tun haben! Davon darfst du nicht essen! Das darfst du nicht ein-
mal berühren!“ 22 Dabei geht es hier doch immer nur um Dinge, die sowieso
keinen Bestand haben, Dinge, die dazu da sind, dass man sie verbraucht!
Wer solchen Forderungen nachkommt, folgt damit lediglich den Geboten und
Lehren von Menschen. 23 Zugegeben, es handelt sich um eine Frömmigkeit,

die den Anschein besonderer Weisheit hat: dieser selbstgewählte Gottesdienst, diese Demut, diese Schonungslosigkeit gegenüber dem eigenen Körper! Doch das alles ist ohne jeden Wert und dient nur dazu, das menschliche Geltungsbedürfnis zu befriedigen.

3,1 Da ihr nun also zusammen mit Christus auferweckt worden seid, sollt
ihr euch ganz auf die himmlische Welt ausrichten, in der Christus auf dem
Ehrenplatz an Gottes rechter Seite sitzt. 2 Richtet eure Gedanken auf das,
was im Himmel ist, nicht auf das, was zur irdischen Welt gehört. 3 Denn ihr
seid dieser Welt gegenüber gestorben, und euer neues Leben ist ein Leben
mit Christus in der Gegenwart Gottes. Jetzt ist dieses Leben den Blicken der
Menschen verborgen; 4 doch wenn Christus, euer Leben, in seiner Herrlichkeit
erscheint, wird sichtbar werden, dass ihr an seiner Herrlichkeit teilhabt.

BIBELGESPRÄCH

(30–40 Minuten) Wählen Sie ggf. unter den Fragen aus.

1. Was lernen wir über die Irrlehre in Kolossä? Was haben die Irrlehrer von den Gläubigen dort gefordert (V. 16.18)?

2. Welches Bild verwendet Paulus, um die Beziehung zwischen den alttestamentlichen Gesetzen und Christus zu veranschaulichen (V. 17)? (Siehe die Erläuterungen bzw. die Skizze zum Abschnitt.)

3. Was veranschaulicht das Untertauchen im Wasser bei der Taufe? (Vgl. 2,11-12 mit 2,20 und 3,1 und siehe die Erläuterungen zum Abschnitt.)

4. Aus welchen Gründen findet Paulus die Irrlehre in Kolossä wertlos oder sogar gefährlich (V. 22-23)? (Siehe die Erläuterungen zum Abschnitt.)

5. In 3,1-4 setzt Paulus bei den Kolossern Kenntnisse über zwei wichtige neutestamentliche Lehren über Jesus voraus. Welche? (Siehe die Erläuterungen zum Abschnitt.) Wie sollen diese Lehren das Leben der Gläubigen beeinflussen?

1. Gibt es Strömungen in unserer Zeit, die zunächst gut oder harmlos zu sein scheinen, aber in Wirklichkeit von Jesus ablenken könnten?

2. Haben Sie es erlebt, dass andere Christen Druck auf Sie ausgeübt haben, gewisse Dinge trotz starker Bedenken zu tun oder zu lassen? Wie haben Sie darauf reagiert?

3. Erleben Sie Ihre Taufe als geistliche Ressource? Hilft Ihnen das Bild vom Mitsterben und Mitauferstehen mit Christus, Ihr Leben auf Gott effektiver auszurichten?

AUSTAUSCH

(15–30 Minuten) Wählen Sie ggf. unter den Fragen aus. Sie können das Gespräch mit einem gemeinsamen Gebet abschließen.

ERLÄUTERUNGEN

V. 16. Der neue Abschnitt beginnt mit einer kämpferischen Aufforderung des Apostels an die Gläubigen in Kolossä. Sie sollen es nicht erdulden, dass ihnen irgendjemand „Vorhaltungen macht“ (wörtlich heißt es: „keiner soll euch richten“) wegen dem, was sie essen oder trinken oder was sie „an den Festen, am Neumondstag oder am Sabbat“ tun. **Damit nimmt die Irrlehre, gegen die Paulus ins Feld zieht, zum ersten Mal klare Konturen an.** Die Irrlehrer verlangen von den Gläubigen in Kolossä zum einen, dass sie sich gewisser Nahrungsmittel und Getränke enthalten. Höchstwahrscheinlich geht es hier um die Einhaltung der jüdischen Speisegebote. Nach dem mosaischen Gesetz war nämlich dem Volk Israel im alten Bund der Genuss vieler Speisen verboten: Schweinefleisch, Meeresfrüchte mit Schalen und vieles mehr. Diese Regeln sollten nach Meinung der Irrlehrer auch die Christen in Kolossä beachten. Zum anderen sollen sie die jährlichen, monatlichen und wöchentlichen Feiertage des jüdischen Kalenders einhalten. Die Wendung „Festtage, Neumondfeste und Sabbatfeiern“ (so wörtlich) begegnet uns mehrfach mit dieser Bedeutung im AT (Neh 10,34; 1 Chr 23,31; 2 Chr 2,3; 31,3; Hes 45,15; Hos 2,13).

V. 17. Diese alttestamentlichen Gesetze hatten einst ihre Berechtigung – sie galten als Identitätsmerkmale des Volkes Israel, die sie von den anderen Völkern, welche anderen Göttern dienten, unterschieden. Aber mit dem Kommen des Messias Jesus in die Welt verloren sie ihre Gültigkeit. Das machte Jesus selbst klar, als er alle Speisen für rein erklärte (Mk 7,19). **Seitdem gilt, dass sowohl Juden als auch Nichtjuden Zugang zu Gott haben können. Das erfolgt nicht durch Einhaltung des alttestamentlichen Gesetzes, sondern allein dadurch, dass sie ihr Vertrauen auf Jesus setzen (Gal 3,23–4,7).** Die Unterscheidung zwischen Juden und Nichtjuden hat in Bezug auf das Heil keine Relevanz mehr.

Um dies zu veranschaulichen, gebraucht Paulus ein etwas ungewöhnliches Bild: **Die vielen Ordnungen und Einrichtungen des mosaischen Gesetzes – Speisegebote, Festtage, Opfervorgänge usw. – sind ein „Schatten zukünftiger Dinge“, der von dem „Körper, welcher Christus ist“ (so steht es wörtlich) geworfen wird.** Was gemeint ist, kann man der unten stehenden Skizze entnehmen: Das Kreuz steht für Christus, die Sonne für die Offenbarung Gottes im NT – das sind die zukünftigen Heilsgüter, von denen hier die Rede ist – und der Schatten, den das Kreuz wirft, für die alttestamentlichen Ordnungen. Die Sonne beleuchtet nicht nur die Gegenwart, sondern auch die Vergangenheit.

Diese Skizze hilft uns, den Sinn der alttestamentlichen Opfer, Speisegebote und kultischen Einrichtungen, von denen viele zunächst eigentümlich auf uns wirken, zu verstehen. **Denn diese entfalten ihre wahre Bedeutung erst dann, wenn sie in Verbindung mit Jesus und seinem Tod für uns gebracht werden.** Ein Beispiel dafür finden wir in Röm 3,25. Dort spricht Paulus davon, dass Gott Jesus zum „Sühneort" gemacht hat. Er verwendet das gleiche Wort, das im AT den Deckel auf der Bundeslade bezeichnet. Darauf wurde jährlich zum großen Versöhnungstag das Blut eines reinen Opfertieres gesprengt, um die Sünden des Volkes zu sühnen (2 Mo 25,17-22; 3 Mo 16,15-16). Dieser Vorgang erweist sich im Licht des Todes Jesu als hervorragendes Vorausbild seines vollkommenen Opfers für unsere Sünden.

Für die Gläubigen in Kolossä heißt das: Nicht der Schatten soll ihre Aufmerksamkeit auf sich ziehen, sondern das Objekt, das den Schatten wirft. **Wo nun Christus da ist, auf den die ganzen alttestamentlichen Gebote und Opfer hindeuten, soll nicht diesen Geboten und Opfern, sondern Christus ihre ganze Aufmerksamkeit gelten.** Es wäre, als würden wir ein Geschenk auspacken und uns mehr mit dem Geschenkpapier beschäftigen als mit dem Geschenk.

V. 18. Dieser Vers gehört nach allgemeinem Konsens der Kommentatoren zu den schwierigsten im NT. Denn es begegnen uns Wörter und Konzepte, die nur hier und sonst nirgends in der Bibel vorkommen. Die Rede ist natürlich weiterhin – so weit ist klar – von der gleichen Irrlehre, die Paulus in V. 16 zu beschreiben begonnen hat. Noch einmal betont er: Niemand soll euch „richten" oder „disqualifizieren" – das Wort lässt beide Deutungsmöglichkeiten zu. Letztere zieht die NGÜ mit ihrer Übersetzung **„lasst euch das Heil von niemand absprechen" vor. Genau das machen die Irrlehrer nach Meinung des Apostels, indem sie ihre Glaubenserfahrung und -praxis für alle anderen als Maßstab setzen.** Diese haben, wie wir dem Text entnehmen können, drei Aspekte:

Die Rede ist erstens von „vorgespielter Demut". Es kann sein, dass damit nur die Haltung der Irrlehrer kritisiert wird, aber **das Wort für „Demut" kommt sehr oft im AT als Umschreibung für das Fasten vor** (3 Mo 16,29.31; 23,27.29; Esra 8,21; Ps 35,13; Jes 58,3). Dies scheint hier im Genaueren gemeint zu sein, denn wie wir unten sehen werden, spielt auch 2,23 auf das Fasten an. **Darauf, dass die Gläubigen in Kolossä oft und intensiv fasten, scheinen die Irrlehrer gedrängt zu haben.**

Zweitens, das Fasten soll es nach Ansicht der Irrlehrer ermöglichen, dass die Christen auf eine höhere geistliche Ebene steigen und Visionen sehen. In diesen Visionen nehmen sie Dinge wahr, die ihnen sonst verborgen bleiben. Diese Ansicht war damals an sich nichts Außergewöhnliches. **Wir wissen von einigen Glaubensrichtungen** (darunter auch mystisch ausgerichteten jüdischen Gruppierungen), **die lehrten, dass das Fasten günstige Bedingungen für visionäre Erfahrungen schafft.**

Das Ziel war drittens, dass die Gläubigen in diesen durch das Fasten ermöglichten Visionen die

Engel schauen und „anbeten“. **Wir haben gesehen, dass Engelwesen im Leben der Kolosser eine wichtige Rolle spielten. Es galt, die bösen Mächte durch magische Handlungen von sich fernzuhalten und die guten Engel für seine Seite zu gewinnen.** Letztere konnte man für sich gewinnen, indem man diesen Wesen huldigte.

Ob die Irrlehrer von sich aus tatsächlich gesagt hätten, sie beten die Engel an, wissen wir nicht. **Vielleicht haben sie bloß eingefordert, dass man ihnen besondere Ehrerbietung entgegenbringen soll,** wie man dies in der römisch-katholischen Kirche in Bezug auf die Heiligen tut. **Für Paulus kommt es jedenfalls Anbetung gleich, und diese soll seiner festen Überzeugung nach nur Jesus Christus zukommen** (vgl. 1,15-20; 2,3).

Die Haltung des Apostels jenen gegenüber, die begeistert davon erzählen, was sie in Visionen gesehen und erlebt haben, geht klar aus dem letzten Teil des Verses hervor: **Solche Menschen sind „selbstsüchtig“ und „spielen sich ohne jeden Grund auf“. Es dreht sich alles um sie, um ihre Erfahrungen, um ihre vorbildliche Frömmigkeit.** Wer sich hingegen dankbar in Erinnerung ruft, wie Jesus am Kreuz für unsere Sünden gestorben ist und uns aus dem Machtbereich des Bösen erlöst hat, versteht, dass solches Prahlen grundlos ist (2,13-15).

V. 19. Die Ursache für die negative Entwicklung, die Paulus bei den Anhängern der Irrlehre in Kolossä feststellt, findet er darin, dass sie nicht festhalten am „Haupt“. Mit diesem Begriff spielt er unverkennbar auf 1,18 an, wo Christus als „Haupt des Leibes, der Gemeinde“ bezeichnet wird. Nun wird dieses Bild in ein neues aufgenommen. **Die Kolosser sollten sich einen Körper vorstellen, der vom Kopf getrennt ist;** das macht die zweite Hälfte des Verses klar. Damit konnten die Menschen damals mehr anfangen, als wir es heute können. Denn der Anblick halb fertiger Statuen auf öffentlichen Plätzen, denen nur noch der Kopf fehlte, war in der Antike nichts Ungewohnliches. (Die Köpfe wurden im Gegensatz zum Rest der Statue nicht in Massen, sondern individuell und oft später angefertigt.) Menschen damals hatten dazu andere Vorstellungen von dem physiologischen Zusammenspiel der Körperteile. Sie waren nicht nur der Meinung, dass der Körper „durch die verschiedenen Gelenke und Bänder“ zusammengehalten wird – das sehen wir auch so. Sie dachten aber auch, dass der Kopf ebenso durch die Gelenke und Bänder den Körper mit notwendiger Nahrung versorgt und somit ermöglicht, dass dieser wächst und gedeiht.

Das Bild, das Paulus den Gläubigen vor Augen malt, stellt absichtlich eine Absurdität dar: Kein Körper kann weiterhin gedeihen, wenn er vom Kopf getrennt ist. Und das ist natürlich die Pointe! **Die Irrlehrer haben sich anderen geistlichen Wesen zugewandt und förmlich die Verbindung zu Jesus, dem Haupt der Gemeinde, getrennt.** Der Leib, die Gemeinde, ist ohne diese Verbindung zu nichts mehr nütze. Sie ähnelt einem Huhn, dem der Kopf abgeschlagen wird und das noch für ein paar Sekunden herumlaufen kann, bevor ihm die Lebenskraft entweicht. Vielleicht kann sie das eine oder andere noch ausrichten, aber das Ganze hat keinen Sinn mehr und nimmt bald ein Ende.

V. 20. Hier greift Paulus zwei Themen wieder auf, die er bereits in 2,8-12 behandelte. **Dort hat er erklärt, dass die Nachfolger Jesu mit Christus in der Taufe gestorben, begraben und auferstanden sind (2,11-12). Das Unter- und Auftauchen eines Gläubigen im Wasser – der einzige Taufmodus der neutestamentlichen Gemeinde – veranschaulicht diese geistliche Wahrheit hervorragend.** Paulus fügt hinzu, dass sie damit „den Prinzipien dieser Welt“ (wörtlich: „den Elementen dieser Welt“) gestorben sind. Das ist der gleiche Begriff, den er zuvor in 2,8 verwendete. Dort sahen wir, dass er mit diesem Begriff dämonische Mächte bezeichnet, die die Menschen versklavt haben. Den Hintergrund bildet, wie wir gesehen haben, Gal 4,3.9, wo der Begriff noch einmal vorkommt (und nirgends sonst bei Paulus). Diese Mächte versetzen Menschen in Angst und lähmen sie, indem sie ihnen einflüstern, sie müssten Festtage und Speiseregeln penibel einhalten oder sie würden ihr Heil verlieren.

Paulus erinnert seine Leser daran, dass sie, weil sie mit Christus starben, auch diesen Elementen gestorben sind. Was er damit meint, lässt sich auf Deutsch am besten mit der Redewendung „Ihr seid für mich gestorben" ausdrücken. **Das heißt, die geistlichen Mächte können den Gläubigen in Kolossä nichts anhaben.** Deswegen stellt Paulus ihnen eine rhetorische Frage (d. h. eine, bei der die Antwort von vorneherein klar sein soll): Wenn das der Fall ist, warum unterwerfen sie sich wieder freiwillig diesen Mächten? Warum verhalten sie sich so, als würden sie nach den alten Maßstäben dieser Welt leben?

V. 21. Was Paulus damit im Genaueren meint, führt er anhand von drei karikaturartigen Verboten aus, die von den Irrlehrern hätten stammen können. Wörtlich steht: „Berühre das nicht! Esst dies nicht! Taste jenes nicht an!" **Diese Verbote sind ganz allgemein formuliert und triefen vor Sarkasmus. Paulus möchte damit vermitteln, dass sie absurd sind.** Es ist deswegen nicht so wichtig, worauf sich diese Gebote im Einzelnen beziehen. Sie veranschaulichen die Haltung der Irrlehrer und ihrer Anhänger: Man muss vor allem Angst haben, weil jede Speise einen unrein machen könnte und jeder Ritus genau nach den Vorgaben ausgeführt werden muss. Sonst werde man keine visionäre Entrückung in die Sphäre der Engel erleben, könne ihnen keine gebührende Huldigung entgegenbringen und müsse Schlimmes befürchten.

V. 22-23. Paulus führt drei Gründe für sein negatives Urteil über die Praktiken der Irrlehrer in Kolossä an.

Erstens geht es bei ihren Verboten um Dinge, die „keinen Bestand haben" und „dazu da sind, dass man sie verbraucht". Wörtlich heißt es: „All diese Dinge sind für die Vernichtung mittels Verbrauchs." **Insbesondere ist hier an die Speiseregeln zu denken, denn sie betreffen Stoffe, die nur kurz mit dem Körper in Berührung kommen und wieder ausgeschieden werden. Sie haben also keinen bleibenden Einfluss auf den Körper.** Hinter dieser Ansicht erkennt man die Lehre Jesu bei seiner Auseinandersetzung mit den Pharisäern über ihre Speise- und Reinigungsgebote (Mk 7,1-23). Da beteuerte er, dass „nichts, was von außen kommt, den Menschen unrein machen kann", weil es „nicht in sein Herz gelangt, sondern in den Magen und dann wieder ausgeschieden wird" (Mk 7,14.18).

Zweitens sind die Vorschriften der Irrlehrer lediglich „Gebote und Lehren von Menschen". Auch diese Ansicht leitet Paulus von dem Streit Jesu mit den Pharisäern in Mk 7,1-23 ab. Im Zuge dessen warf Jesus den Pharisäern vor, sie interessierten sich bloß für „die Lehren und Gebote von Menschen" (Mk 7,6-7). Paulus wählt genau dieselben Worte, um die Irrlehre in Kolossä zu beschreiben. Dabei zitierte Jesus den Propheten Jesaja, der 800 Jahre zuvor schon die Schriftgelehrten in Jerusalem beschuldigt hatte, das Gleiche getan zu haben (Jes 29,13). **Es scheint also ein immer wiederkehrendes Muster zu sein, dass Menschen ihre eigenen Regeln über Gottes Gebote stellen.**

Drittens, obwohl die Irrlehrer „den Anschein besonderer Weisheit" haben, weil sie mit ihren eigenen Körpern schonungslos umgehen, sind ihre Methoden in Wirklichkeit wertlos. **Paulus nennt ihr strenges Regiment des Fastens einen „selbstgewählten Gottesdienst".** Dieser Ausdruck kann auch so viel bedeuten wie „Scheinheiligkeit", was vielleicht in diesem Zusammenhang besser passt. Alle Anstrengungen, die die Irrlehrer von ihren Anhängern fordern, „dienen nur dazu, das menschliche Geltungsbedürfnis zu befriedigen".

Was damit genau gemeint ist, ist unter den Kommentatoren umstritten. Wörtlich heißt es: „Sie sind ohne jeglichen Wert im Kampf gegen die Befriedigung des Fleisches". Am ehesten meint Paulus, dass solche Vorschriften keine Wirkung haben im Kampf gegen die Sünde. Das stimmt mit anderen Stellungnahmen des Apostels, etwa im Galater- oder im Römerbrief, überein. **Sünde ist für ihn im Grunde genommen eine auflehnende Haltung des Menschen gegen Gott. Da helfen keine äußerlichen Frömmigkeitsgesten, weil sie das Problem nicht an den Wurzeln anpacken.** Wir neigen oft dazu, wenn wir etwas Böses angerichtet haben, mit uns strenger umzugehen. Wir wollen Gott zeigen, dass wir es bereuen, indem wir etwa auf Schokolade verzichten, uns kalt duschen oder Ähnliches. Alle solche Maßnahmen sind genauso wenig hilfreich wie die Bemühungen der Irrlehrer in Kolossä.

V. 3,1-2. In der Taufe identifizierten sich die Gläubigen in Kolossä nicht nur mit dem Tod Jesu, sondern auch mit seiner Auferstehung. **Das heißt, sie sind nicht nur den Prinzipien dieser Welt gestorben (2,20), sondern sie sind gleichzeitig zu einem neuen Leben mit Christus auferweckt worden.** Nun sollen sie ihr Leben nach Christus ausrichten, und dieser ist nach seiner Auferstehung auf den „Ehrenplatz an Gottes rechter Seite" im Himmel aufgefahren. Das Gleiche behauptete Petrus bereits in seiner Pfingstpredigt mit Hinweis auf Ps 100,1 (Apg 2,33-34), und diese Ansicht gehört zu den am stärksten betonten Lehren im NT (Apg 5,31; Röm 8,34; Eph 1,10; Heb 1,3; 1 Petr 3,22). Paulus setzt hier voraus, dass die Kolosser auch darin unterwiesen wurden. Sie müssen aber noch begreifen, was diese Lehre von ihnen implizit verlangt. **Ihr Denken und Handeln soll sich fortan nicht mehr an irdischen, sondern an himmlischen Maßstäben orientieren.** „Dein Wille geschehe, wie im Himmel so auf Erden" beten wir im Vaterunser. Für Paulus heißt das nicht, dass wir darauf warten, bis es so weit ist, sondern unser Leben dementsprechend aktiv gestalten.

V. 3-4. Paulus wiederholt, was er gerade gesagt hat: In der Taufe sind wir mit Christus der Welt gestorben und zum neuen Leben auferweckt worden. Das ist noch keine sichtbare Realität – wörtlich heißt es an dieser Stelle: „Euer Leben ist mit Christus bei Gott verborgen." **Noch wirkt sich die Auferstehung nur auf den „inneren Menschen" aus (2 Kor 4,16). Aber die Lebensweise, die das Leben in der Ewigkeit mit Gott kennzeichnet, sollen wir uns jetzt schon aneignen.** Wie diese im Genaueren aussieht, führt Paulus im nächsten Abschnitt aus. Danach zu handeln erfordert, wie wir sehen werden, harte Arbeit und Beharrlichkeit, gerade weil die Welt nach anderen Maßstäben lebt.

Dennoch will uns Paulus Hoffnung zusprechen: **Es wird nicht immer so mühsam sein. Eines Tages wird Christus in seiner ganzen Herrlichkeit erscheinen** – auch die Wiederkehr Jesu gehört zu den am stärksten betonten Lehren des NT (1 Kor 1,7; 15,23; 1 Thess 2,19; 3,13; 4,15; 5,23; 2 Thess 1,7; 2,18; 1 Tim 6,14; 2 Tim 4,1.8; Tit 2,13; Jak 5,7-8; 2 Petr 1,16; 3,4; 1 Joh 2,28; Offb 1,7). Wenn Jesus wiederkommt, dann wird für die Kolosser klar sein, „dass ihr an seiner Herrlichkeit teilhabt". Es geht Paulus hier nicht um ihre äußere Erscheinung, sondern um die ethische Vollkommenheit, die sie mit Christus teilen werden. Diese Verheißung gilt selbstverständlich auch allen Nachfolgern Jesu in unserer Zeit!

7 Ein Leben mit einer neuen Ausrichtung

Kolosser 3,5-17

EINSTIEG
(15–20 Minuten)
Wählen Sie bitte eine oder zwei Fragen aus.

1. Beschreiben Sie ein Kleidungsstück, das Sie in Ihrer Jugend besonders gerne trugen. Was ist daraus geworden?

2. Welche Eigenschaften anderer Menschen finden Sie am schwersten zu ertragen? Welche Ihrer Eigenschaften fordern die, die Ihnen am nächsten stehen, am meisten heraus?

3. Haben Sie es erlebt, dass Ihnen ein bestimmtes Lied geholfen hat, in einer schwierigen Situation zurechtzukommen? Erzählen Sie davon.

BIBELTEXT

Altes ablegen

5 Tötet daher, was in den verschiedenen Bereichen eures Lebens noch zu
dieser Welt gehört: sexuelle Unmoral, Schamlosigkeit, ungezügelte Leiden-
schaft, böses Verlangen und die Habgier (Habgier ist nichts anderes als Göt-
zendienst). 6 Wegen dieser Dinge bricht Gottes Zorn über die herein, die nicht
bereit sind, ihm zu gehorchen.
7 Auch ihr habt euch früher so verhalten; euer ganzes Leben wurde von
diesen Dingen bestimmt. 8 Doch jetzt legt das alles ab, auch Zorn, Aufbrau-
sen, Bosheit und Verleumdung; kein gemeines Wort darf über eure Lippen
kommen. 9 Belügt einander nicht mehr! Ihr habt doch das alte Gewand aus-
gezogen – den alten Menschen mit seinen Verhaltensweisen – 10 und habt
das neue Gewand angezogen – den neuen, von Gott erschaffenen Menschen,
der fortwährend erneuert wird, damit ihr Gott immer besser kennen lernt und
seinem Bild ähnlich werdet.
11 Was diesen neuen Menschen betrifft, spielt es keine Rolle mehr, ob je-
mand Grieche oder Jude ist, beschnitten oder unbeschnitten, ungebildet oder
sogar unzivilisiert, Sklave oder freier Bürger. Das Einzige, was zählt, ist Chris-
tus; er ist alles in allen.

Neues anziehen

12 Geschwister, ihr seid von Gott erwählt, ihr gehört zu seinem heiligen Volk,
ihr seid von Gott geliebt. Darum kleidet euch nun in tiefes Mitgefühl, in
Freundlichkeit, Bescheidenheit, Rücksichtnahme und Geduld. 13 Geht nach-
sichtig miteinander um und vergebt einander, wenn einer dem anderen et-
was vorzuwerfen hat. Genauso, wie der Herr euch vergeben hat, sollt auch ihr
einander vergeben.

14 Vor allem aber bekleidet euch mit der Liebe; sie ist das Band, das euch
zu einer vollkommenen Einheit zusammenschließt.

15 Der Frieden, der von Christus kommt, regiere euer Herz und alles, was
ihr tut! Als Glieder eines Leibes seid ihr dazu berufen, miteinander in diesem
Frieden zu leben. Und seid voll Dankbarkeit gegenüber Gott! 16 Lasst die Bot-
schaft von Christus bei euch ihren ganzen Reichtum entfalten. Unterrichtet
einander in der Lehre Christi und zeigt einander den rechten Weg; tut es mit
der ganzen Weisheit, die Gott euch gegeben hat. Singt Psalmen, Lobgesänge
und von Gottes Geist eingegebene Lieder; singt sie dankbar und aus tiefstem
Herzen zur Ehre Gottes. 17 Alles, was ihr sagt, und alles, was ihr tut, soll im
Namen von Jesus, dem Herrn, geschehen, und dankt dabei Gott, dem Vater,
durch ihn.

BIBELGESPRÄCH

(30–40 Minuten) Wählen Sie ggf. unter den Fragen aus.

1. Was haben die Sünden, die Paulus jeweils in V. 5 und 8 auflistet, gemeinsam? Wie sollen wir damit umgehen?

2. In V. 6 ist vom „Zorn Gottes“ die Rede. Was versteht die Bibel genauer darunter? (Siehe die Erläuterungen zum Abschnitt.) Warum bringt Paulus dieses Thema an dieser Stelle ins Gespräch?

3. Was meint Paulus, wenn er davon spricht, dass die Gläubigen den „alten Menschen ausgezogen“ bzw. „den neuen Menschen“ angezogen haben (V. 9-10)? (Siehe die Erläuterungen zum Abschnitt.)

4. Wie soll sich die Erneuerung des Einzelnen durch Christus auf die Gemeinschaft der Christen auswirken (V. 11)?

5. Was haben die Tugenden, die Paulus in V. 12 auflistet, gemeinsam?

6. Welche Einstellungen sind dafür notwendig, dass das Leben in der Gemeinde gedeiht und gesund bleibt (V. 13-15)?

7. Welche Rolle spielen Lieder in der Gemeinde (V. 16)? (Siehe die Erläuterungen zum Abschnitt.)

8. Was versteht Paulus konkret darunter, dass wir „alles im Namen von Jesus tun“? (V. 17).

AUSTAUSCH

(15–30 Minuten) Wählen Sie ggf. unter den Fragen aus. Sie können das Gespräch mit einem gemeinsamen Gebet abschließen.

1. Wie können wir Sünden in unserem Leben effektiv bekämpfen?

2. Was sollen wir tun, um die sozialen und ethnischen Unterschiede zwischen Christen abzubauen?

3. Wie können Sie dazu beitragen, dass die Gottesdienste in Ihrer Gemeinde die geistliche Entwicklung des Einzelnen und den Zusammenhalt in der Gemeinschaft stärker fördern?

ERLÄUTERUNGEN

V. 5. Die Gläubigen in Kolossä sollen sich, wie wir in der letzten Lektion gesehen haben, nach der von Gott gewollten Lebensweise ausstrecken, die ihnen in Christus zugänglich gemacht und in der Taufe symbolisch dargestellt wird. Daraus folgt (das „Daher“ am Anfang des Verses bezieht sich auf 2,20–3,4 insgesamt), dass sie sich um ethische Veränderung in ihrem persönlichen Leben und im Umgang miteinander bemühen sollen. **Alles, „was in den verschiedenen Bereichen eures Lebens noch zu dieser Welt gehört“ muss „getötet“ werden.** So drastisch das klingt, die NGÜ schwächt diese Stelle mit ihrer Übersetzung eigentlich etwas ab. Denn wörtlich heißt es: „Tötet die Glieder, die auf der Erde sind.“ Die Kolosser sollen sich einen menschlichen Körper vorstellen, dem man die Gliedmaßen abhacken soll! Es ist wahrscheinlich, dass Paulus hier an die Worte Jesu denkt, als jener auf ähnlich drastische Weise davon sprach, dass es besser wäre, eine Hand, die einen zum Bösen verführt, abzuhacken, als mit intakten Gliedmaßen in die Hölle geworfen zu werden (Mt 5,30).

Das ist, wie bei Jesus, so auch bei Paulus, selbstverständlich Bildersprache. Die Gliedmaßen stehen in unserem Text, wie man der auf diese Aufforderung folgenden Liste entnimmt, für einzelne Sünden, die der Lebensweise dieser Welt entsprechen (vgl. zu 3,1-2). Diese Liste stellt kein vollständiges „Sündenregister“ dar, sondern Paulus listet fünf von vielen möglichen Sünden beispielhaft für alle auf.

1. An erster Stelle steht „sexuelle Unmoral“. Ältere Übersetzungen geben das hier vorkommende griechische Wort mit „Unzucht“ wieder. **Damit wird die ganze Breite außerehelicher geschlechtlicher Beziehungen erfasst.** Es wird also nicht dem Einzelnen überlassen zu entscheiden, was in sexueller Hinsicht vertretbar ist und was nicht. Vielmehr wird die alttestamentliche Norm, wonach Geschlechtsverkehr in die Ehe gehört, bejaht und sogar bekräftigt.

2. Das zweite Wort in der Liste, das die NGÜ mit „Schamlosigkeit“ übersetzt, heißt wörtlich „Unreinheit“. Es kommt bei Paulus an mehreren Stellen vor und wird von ihm gerne mit dem ersten Begriff „Unzucht“ (2 Kor 12,21; Eph 4,19; 5,3) in Verbindung gebracht. Gemeint ist also insbesondere Unreinheit im Bereich der Sexualität.

3. Als Nächstes spricht Paulus von „ungezügelter Leidenschaft". Damit werden nicht nur unsere Taten, sondern auch unsere Gedanken erfasst. Im Zusammenhang geht es auch bei diesem Begriff um den Bereich der Sexualität. Gemeint sind Vorstellungen und Fantasien, bei denen man sich geschlechtliche Handlungen ausmalt, die nicht mit biblischen Normen vereinbar sind.

4. Etwas breiter gefasst ist der vierte Begriff, den die NGÜ mit „bösem Verlangen" übersetzt. **Er bezeichnet die Sehnsucht nicht nur nach verbotenen sexuellen Handlungen, sondern nach allen möglichen sündhaften und zerstörerischen Wünschen der Menschen.**

5. Als Letztes wird „Habgier" in die Liste aufgenommen. Gemeint ist das unersättliche Begehren nach Reichtümern oder materiellen Gütern. Diese Sünde fällt aus der Reihe, zum einen, weil sie keine sexuelle Nuance trägt, und zum anderen, weil Paulus erklärend hinzufügt, dass sie mit **Götzendienst** gleichzusetzen ist (so auch in Eph 5,5). **Die Verknüpfung ist deswegen zutreffend, weil Menschen dazu neigen, Gott mit Geld oder Wertgegenständen zu ersetzen.** Solche Dinge verdrängen Gott allzu leicht von der ersten Stelle in unserem Leben als das Objekt unserer Liebe bzw. unseres Vertrauens.

Gemeinsam haben die Sünden, die Paulus in dieser Liste aufführt, dass es sich bei allen im Wesentlichen um die Unfähigkeit handelt, die Begierde zu bändigen bzw. auf gute Ziele zu lenken und sie somit im Einklang mit dem Willen Gottes zu befriedigen. Sehnsüchte und Begierden sind an sich nichts Schlechtes; sie gehören zum Menschsein dazu. Aber wenn sie uns beherrschen statt umgekehrt, führen sie uns auf die falsche Spur und richten bei uns und anderen Böses an. Es kommt auch auf das Objekt der Begierde an. Ich darf Lust nach einem Apfel oder meiner Frau empfinden, aber nicht dem Apfel meines Nachbarn – und erst recht nicht seiner Frau!

V. 6-7. Wie ein Schlag ins Gesicht wirkt die auf das Sündenregister folgende Feststellung des Apostels auf uns (und es wird den Kolossern nicht anders ergangen sein): Wegen dieser Sünden bricht „Gottes Zorn" über die „Kinder der Ungerechtigkeit" (so wörtlich) herein. Die NGÜ übersetzt treffend mit „die, die nicht bereit sind, ihm zu gehorchen". **Wenn das NT vom „Zorn Gottes" spricht, dann meint es nicht einen impulsiven und unbändigen Affekt, der Gott überkommt. Es geht vielmehr um die für ihn charakteristische und in seinem Wesen verankerte Abneigung gegen die Sünde.** Diese Abneigung bewegt ihn unabänderlich, die Sünde auszulöschen und damit Gerechtigkeit wiederherzustellen. So unangenehm uns die Vorstellung eines kommenden Zorngerichts Gottes ist, sie ist dennoch ein selbstverständlicher Bestandteil der Verkündigung Jesu (Mt 10,15; 12,42-43; 25,31-46; Joh 3,18; 12,31) sowie der Lehre nicht nur des Paulus (Röm 1,18-32; 2,5.8; 3,5-6; Eph 2,3), sondern auch des Petrus (2 Petr 3,7) und des Jakobus (Jak 5,9), um von der Johannesoffenbarung ganz zu schweigen (Offb 11,7-18; 21,11-15).

Paulus erinnert die Gläubigen in Kolossä, dass das Sündenregister ihr früheres Leben beschreibt: „Euer ganzes Leben wurde von diesen Dingen bestimmt." Er möchte sie indirekt vor einem Rückfall in eine ihnen vertraute Lebensweise warnen. Gleichzeitig will er ihnen Mut machen: **Diese Lebensweise haben sie hinter sich gelassen; das Zorngericht Gottes wird sie nicht mehr treffen.**

V. 8. Der Bereich der Begierden ist aber nicht das einzige Gebiet im Leben der Kolosser, das der Vergangenheit angehören sollte. Paulus fordert nun die Gläubigen auf, sich von fünf weiteren Sünden zu distanzieren. Er wechselt dabei das Bild – vielleicht ist selbst ihm die Vorstellung vom Abhacken von Gliedmaßen zu viel geworden! – und bedient sich eines neuen, zahmeren Denkschemas, das für den Rest des Abschnittes bestimmend ist: **Die Kolosser sollen die aufgelisteten Sünden ablegen wie alte Kleider** (und, wie wir später sehen werden, ein neues „Gewand" anziehen). Schwerpunktmäßig geht es bei diesem zweiten Sündenregister um verbale Äußerungen:

1. „Zorn" ist zwar die angemessene Reaktion eines heiligen Gottes auf die Sünde, ist aber bei

Menschen meistens unangebracht. Paulus hätte Jakobus zugestimmt, dass menschlicher Zorn – im Gegensatz zu Gottes Zorn – nicht Gerechtigkeit, sondern das Gegenteil bewirkt (Jak 1,20).

2. „Aufbrausen" (oder „Wut") folgt als Nächstes und wird oft in Verbindung mit Zorn genannt. Falls ein Bedeutungsunterschied besteht, dann darin, dass das Aufbrausen die Äußerung des Zorns in Wort und Tat bezeichnet.

3. „Bosheit" ist eine allgemeine Bezeichnung für moralisch verwerfliches Benehmen. Insbesondere denkt Paulus an gehässiges Reden über andere Menschen (vgl. Eph 4,31).

4. Darauf folgt „Verleumdung", ein eher seltener Begriff, der Reden meint, das darauf zielt, anderen einen Nachteil zu verschaffen.

5. Die NGÜ umschreibt einen fünften und noch seltener vorkommenden Ausdruck – wörtlich „schändliches Gerede aus eurem Mund" – mit einem Begehrungssatz: „Kein gemeines Wort darf über eure Lippen kommen."

V. 9. Vor einer weiteren Sünde, die eigentlich zu den sprachlichen Äußerungen zählt, wird besonders gewarnt. Ihr wird ein ausdrückliches Gebot gewidmet: „Belügt einander nicht mehr!" Die NGÜ vermutet zu Recht, dass es hier um eine Sünde geht, die in der Gemeinde schon vorhanden ist und der ein Ende gesetzt werden soll. Das geht aus der grammatischen Form des Befehls, die Paulus hier wählt, hervor. Spezifische Vorfälle werden in diesem Zusammenhang nicht genannt. Die Haltung des Paulus ähnelt aber der des Petrus, als er mit einem Fall des Betrugs in der Jerusalemer Gemeinde konfrontiert wurde. Er ging mit aller Härte dagegen vor (Apg 5,3-4). **Paulus ist auch der Überzeugung, dass man diese giftige Blüte auf keinen Fall blühen lassen darf. Denn nichts zerstört die gegenseitige Vertrauensbasis schneller als ein lockerer Umgang mit der Wahrheit untereinander.**

In der zweiten Hälfte des Verses wechselt die Perspektive. Bisher ging es in diesem Abschnitt um viele Einzelsünden, die man ablegen sollte. Nun will Paulus begründen, warum es für die Nachfolger Jesu in Kolossä eigentlich nicht mehr möglich sein dürfte, weiter so zu leben wie vorher. Er macht weiterhin Gebrauch vom Bild des Aus- und Anziehens von Gewändern, nun aber sind es keine einzelnen „Kleiderstücke", die entfernt werden müssen. Paulus beteuert, dass die Gläubigen in Kolossä den ganzen „alten Menschen mit seinen Verhaltensweisen" – das heißt, mit der ganzen Palette an Sünden, die soeben aufgelistet wurden (und noch vielen anderen) – bereits ausgezogen haben!

V. 10. Aber nicht nur das, die Christen haben auch einen „neuen Menschen" angezogen. Wer ist dieser „neue Mensch"? Gemeint ist, wie oben schon erwähnt, jeder Nachfolger Jesu, der mit Christus gestorben und auferstanden ist. Dieser neue Mensch wird von Gott „erschaffen". Damit spielt Paulus auf die ursprüngliche Erschaffung des Menschen in 1 Mo 1,26-27 an. Wir lesen dort, dass Gott den Menschen „nach seinem Ebenbild" geschaffen hat. **Diese Gottähnlichkeit des Menschen ist durch den Sündenfall nicht ganz verloren gegangen, wenngleich stark beschädigt. Nun geht es darum, dass der Mensch, indem er sich mit Christus durch den Glauben vereint, im Ebenbild Gottes „erneuert" wird.** Das heißt: Der ursprüngliche Zustand des Menschen vor dem Sündenfall soll wieder hergestellt werden. Das ist (leider!) nicht mit einem Schlag getan, sondern der neue Mensch entsteht erst nach und nach durch einen Prozess der „Erneuerung des Sinnes", wie Paulus ihn in Röm 12,2 bezeichnet. Indem der Gläubige „Gott immer besser kennenlernt" wird er befähigt und motiviert, den Willen Gottes zu tun, und wird somit Jesus immer ähnlicher.

V. 11. Wenn nun Menschen im Ebenbild Gottes erneuert werden, soll sich das nach den Vorstellungen des Paulus nicht nur auf sie als Einzelne auswirken, sondern auch auf die Gemeinschaft. **Das Weltbild der Antike ging von der grundsätzlichen Entzweiung einander entgegengesetzter Gruppen aus.** Für die Juden war die Welt in jüdische und griechische Kulturkreise mit ihren jeweiligen Sitten und Bräuchen aufgeteilt. Noch wichtiger für sie war der grundlegende Unterschied zwischen ihrer Religion und der der anderen Menschen: Sie waren die „Beschnittenen“ (das heißt, sie trugen das Zeichen einer besonderen Beziehung zu Gott); die anderen Völker waren die „Unbeschnittenen“. Die Kolosser teilten die Welt selbstverständlich nach anderen Kategorien auf. Eine der wichtigsten war die Zugehörigkeit zu bestimmten Volksgruppen. Die NGÜ bringt das durch das Begriffspaar „ungebildet oder sogar unzivilisiert“ zum Ausdruck. Wörtlich ist die Rede von „Barbaren“ und „Skythen“. Damit werden Rassenunterschiede thematisiert. Denn das Wort „Barbar“ bezeichnete damals die Berber – ein dunkelhäutiges nordafrikanisches Nomadenvolk. Die Skythen waren auch Nomaden, lebten aber am Nordostrand des Römischen Reiches (in der heutigen Ukraine bzw. in Südwestrussland) und waren hellhäutig. Und überall in der Antike bestand die wichtigste soziale Unterscheidung darin, ob man Sklave oder Freier war.

Für Paulus zählen diese für Menschen so wichtigen Kategorien, in die die Menschen aufgeteilt werden, unter den Nachfolgern Jesu nicht mehr. Sie müssen der neuen Realität in Jesus Christus weichen. Denn innerhalb der Gemeinde ist „das Einzige, was zählt“ die Zugehörigkeit zu ihm. Wörtlich heißt es hier: „Christus ist alles.“ Die Hauptaussage des Christusliedes war: „Alles besteht durch ihn“ (1,17b). Das scheint hier aufgenommen worden zu sein. Weiter heißt es wörtlich: Er ist „in allem“. In diesem Zusammenhang ist gemeint, dass Christus die Gemeinde dermaßen erfüllt (vgl. 2,9), dass es keinen Platz mehr für die üblichen Unterscheidungen nach kulturellen, religiösen, ethnischen oder wirtschaftlichen Gesichtspunkten gibt. Dass diese verschiedenen Gruppenzugehörigkeiten uns weiterhin prägen, kann nicht geleugnet werden, und Paulus versucht das erst gar nicht (vgl. 1 Kor 7,17-24). Dennoch ist unsere Identität als Geschwister in Jesus weitaus wichtiger als alles, was uns voneinander unterscheidet, und soll uns wesentlich stärker prägen.

V. 12. Ging es bisher darum, welche Sünden der Nachfolger Jesu ablegen soll, weil er den alten Menschen ausgezogen hat, so werden nun die Tugenden behandelt, die der neue Mensch anziehen soll. Zuerst betont Paulus, welche Vorzüge dieser neue Mensch genießt: Er ist von Gott erwählt, geheiligt und geliebt. Genau diese drei Elemente begegnen uns in einem der wichtigsten Texte im AT, wenn es um die Beziehung zwischen Gott und Israel geht (vgl. 5 Mo 7,6-8). **Paulus überträgt diese Eigenschaften bewusst auf die Nachfolger Jesu. Denn er ist der Überzeugung, dass auch sie, weil sie in Christus sind, zu dem erwählten Volk Gottes gehören** und wie Israel damals ausgesondert sind, damit Gott seine Ziele durch sie verwirklicht, und dass sie von ihm geliebt sind.

Menschen, die sich dessen bewusst werden, leben anders als vorher. Paulus nennt fünf Eigenschaften, die sie charakterisieren sollen:

1. „Mitgefühl“ beschreibt die emotionale Anteilnahme am Ergehen eines anderen. Wörtlich ist die Rede von „Gedärmen der Barmherzigkeit“. Die Gedärme waren für den Menschen von damals der Sitz der Gefühle. Dort spürt man förmlich, wie man vom Leid oder von der Freude eines anderen im tiefsten Inneren bewegt wird.

2. „Freundlichkeit“ war in der Antike besonders hoch geschätzt. Das griechische Wort beschreibt die wohlwollende Haltung gegenüber anderen, die in konkreten Taten zum Ausdruck kommt.

3. Im Gegensatz dazu war „Bescheidenheit“ (wörtlich „Demut“) unter Menschen damals überhaupt nicht hoch im Kurs. Die allgemeine Haltung war, dass jeder um seinen eigenen Status und sein Prestige bemüht sein musste. Die Nachfolger Jesu sollten aber seinem Beispiel folgend „andere höher achten als sich selbst“ (Phil 2,3).

4. „Rücksichtnahme“ oder „Sanftmut“ wird in der Bibel oft mit Demut in Verbindung gebracht und beschreibt das aktive Bemühen um das Wohlergehen des anderen. Auch diese Eigenschaft war für Jesus charakteristisch (Mt 11,29).

5. „Geduld“ bezeichnet die Fähigkeit, schwierige Menschen zu ertragen. Sie gehört zu den Ureigenschaften Gottes (2 Mo 34,6; Röm 2,4).

V. 13. All diese Tugenden braucht man im Umgang mit unvollkommenen Menschen. Darum geht es in diesem Vers, wo Paulus die Kolosser auffordert, miteinander nachsichtig umzugehen und einander zu vergeben. **Paulus trägt offensichtlich keine rosarote Brille im Hinblick auf die Gläubigen in seinen Gemeinden. Er ist sich vielmehr im Klaren, dass sie immer wieder aneinandergeraten und sich gegenseitig in die Quere kommen werden.** Es wird des Öfteren vorkommen, dass „einer dem anderen etwas vorzuwerfen haben" wird. In solchen Situationen kann es nur vorwärtsgehen, wenn die Bereitschaft vorhanden ist, einander zu ertragen (so der erste Teil der Aufforderung wörtlich) und zu vergeben. Falls jemand sich dagegen wehrt, soll er daran denken, dass Christus mit ihm genauso umgegangen ist. Wenn einer irgendjemandem etwas vorzuwerfen hätte, dann er uns; aber er hat uns all unsere Sünden vergeben. Genauso sollen wir miteinander umgehen.

V. 14. Paulus nimmt wieder die Bildersprache von V. 12 auf und gebietet, über alle einzelnen Tugenden, die man anziehen soll, die Liebe nicht zu vergessen. Sie dient als Obergewand; wörtlich heißt es, man soll sie „über allem anderen" anziehen. Denn die Liebe ist das Wichtigste – sie ist wörtlich „das Band der Vollkommenheit". Damit wird ihre Fähigkeit, zusammenzubinden, hervorgehoben. Ob Paulus meint, dass sie die Tugenden bündelt oder die Gemeinde zusammenhält, ist nicht ganz klar. Beides ist wahr. **Jedenfalls stellt die Liebe für ihn wie für Jesus (Mk 12,28-31) die höchste ethische Pflicht gegenüber anderen Menschen dar.**

V. 15. Es folgen nun im Anschluss an V. 13 eine Reihe von weiteren Aufforderungen, die das Zusammenleben in der Gemeinde regeln. Erstens soll der Friede Christi in ihren Herzen regieren. Die NGÜ formuliert diesen Satz zu Recht im 2. Konjunktiv, denn wörtlich steht „Der Friede Christi regiere in euren Herzen". Er hat im Griechischen einen unüberhörbaren liturgischen Klang. Es kann sogar sein, dass er aus einem den Kolossern aus ihren Gottesdiensten bekannten Segensspruch oder Lied abgeleitet ist.

Dennoch ist der Satz keine fromme Floskel, die Paulus unbedacht an dieser Stelle einschiebt. **Denn in der Gemeinde sorgte die grassierende Irrlehre für Spannungen, die den Frieden untereinander tatsächlich gefährdete.** Deswegen erinnert er die Gläubigen im zweiten Teil des Verses, dass sie als Leib Christi zu einem friedvollen Umgang miteinander berufen sind. Ein Lebewesen kann nur gedeihen, wenn die verschiedenen Teile seines Körpers im Einklang miteinander agieren.

Wie aus der Pistole geschossen kommt als Nächstes die Aufforderung zur Dankbarkeit, aber auch das ist keineswegs unüberlegt. Dazu hat Paulus die Kolosser schon in 2,7 angehalten. Wir sahen dort, dass Paulus die Dankbarkeit förmlich als Mittel gegen die Irrlehre betrachtete. **Wer sich nämlich vor Augen führt, was Gott einem in Christus getan hat, wird nicht in Versuchung geraten, Hilfe bei anderen geistlichen Wesen zu holen.** Deswegen erinnert er sie zwischendurch wieder einmal daran.

V. 16. Eigentlich hätte die NGÜ auch den ersten Teil von diesem Vers im 2. Konjunktiv formulieren müssen, denn er hat die gleiche Form im Griechischen wie V. 15. Wörtlich heißt es: „Das Wort Christi wohne unter euch im Übermaß." Auch dieser Satz hat einen liturgischen Touch und bringt die Hoffnung zum Ausdruck, dass die unverfälschte Botschaft von Christus in der Gemeinde tiefe Wurzeln schlagen wird. Denn auch das ist ein wirksames Mittel gegen die Irrlehre, die in Kolossä für Verwirrung sorgt.

Deswegen sollen die Gläubigen einander „mit aller Weisheit lehren und ermahnen", wie es an dieser Stelle wörtlich heißt. Diese Aufgabe hat Paulus für sich als Apostel in 1,28 beansprucht. Jetzt macht er deutlich, dass sie alle Christen angeht. Es geht darum, dass sie einander einerseits unterweisen – das heißt die wesentlichen Lehrinhalte der christlichen Lehre weitergeben – und andererseits „den rechten Weg zeigen", wie die NGÜ es formuliert. Was dabei nicht so klar vermittelt wird wie im Urtext ist die Art und Weise, wie sie dies tun sollen, nämlich (wörtlich) „*mittels* Psalmen, Lobgesängen und geistlichen Liedern". Das heißt Lehre soll durch Lieder erfolgen.

Wir bekommen an dieser Stelle einen seltenen Einblick in die Gottesdienste der frühen Christen. **Sie haben offensichtlich Lieder komponiert und gemeinsam gesungen, die der Unterweisung und Ermahnung gedient haben.** Das Christuslied in 1,15-20 ist, wie wir gesehen haben, ein Beispiel davon. Paulus tut im Kolosserbrief genau das, wozu er die Gläubigen anhält: Er weist sie auf ein Lied hin, in dem Christus im Mittelpunkt steht, und zieht Lektionen daraus, wie dies ihr Denken und Handeln beeinflussen soll. **Es ist wichtig, welche Inhalte unser Gemeindeliedgut hat, und wir sollen es als Ressource für geistliches Wachstum betrachten, nicht nur als Präludium vor der Predigt, das für die richtige Stimmung sorgen soll.** Gerade durch solche Lieder kann Dankbarkeit für all das, was Gott getan hat, gefördert werden.

V. 17. Paulus schließt diesen Abschnitt mit einer weiteren Aufforderung ab: Alles, was die Nachfolger Jesu sagen oder tun, soll im Namen des Herrn Jesus geschehen. Das ist eine geeignete Zusammenfassung des ganzen Abschnittes und sie erinnert uns daran, dass die christliche Tugendlehre nicht darauf zielt, für jede nur erdenkliche Situation genaue Regeln aufzustellen, sondern allgemeine vielseitig anwendbare Prinzipien zu erstellen. Hier ist das Prinzip die Vereinbarkeit unseres Handelns mit dem Bekenntnis zu Jesus als Herrn. Das ist der Maßstab, den wir bei allem, was wir tun, anlegen. Dazu kommt – das dritte Mal innerhalb von drei Versen – die erneute Betonung der Dankbarkeit. **Jesus in allem bekennen und Gott Danke sagen: So stellt sich Paulus im Wesentlichen eine gottgefällige Lebensweise vor.**

8 Wie Familie und Arbeit gelingen können

Kolosser 3,18–4,1

EINSTIEG
(15–20 Minuten)
Wählen Sie bitte eine oder zwei Fragen aus.

1. In welcher Hinsicht ist Ihnen das andere Geschlecht am rätselhaftesten?

2. Finden Sie es eher unterhaltsam oder anstrengend, Zeit mit Kleinkindern zu verbringen? Warum?

3. Was war Ihr erster bezahlter Job? War er interessant oder einfach langweilig?

BIBELTEXT

Anweisungen für den christlichen Haushalt

18 Ihr Frauen, ordnet euch euren Männern unter; so ist es für Frauen angemes-
sen, die sich zum Herrn bekennen. 19 Ihr Männer, liebt eure Frauen und geht
nicht rücksichtslos mit ihnen um.

20 Ihr Kinder, gehorcht euren Eltern in allem, denn daran hat der Herr,
dem ihr gehört, Freude. 21 Ihr Väter, seid mit euren Kindern nicht übermäßig
streng, denn damit erreicht ihr nur, dass sie mutlos werden.

22 Ihr Sklaven, gehorcht in allem euren irdischen Herren. Tut es nicht nur,
wenn sie euch beobachten – als ginge es darum, Menschen zu gefallen. Ge-
horcht ihnen vielmehr mit aufrichtigem Herzen und aus Ehrfurcht vor dem
Herrn. 23 Worin auch immer eure Arbeit besteht – tut sie mit ganzer Hingabe,
denn letztlich dient ihr nicht Menschen, sondern dem Herrn. 24 Ihr könnt
sicher sein, dass ihr von ihm einen Lohn bekommt – das Erbe, das er im Him-
mel für euch bereithält. Darum dient ihm, Christus, dem Herrn! 25 Denn auch
der, der Unrecht tut, wird einen Lohn empfangen – den Lohn für sein Unrecht.
Gott ist ein unbestechlicher Richter.

4,1 Ihr Herren, geht gerecht mit euren Sklaven um und behandelt sie fair.
Denkt daran, dass auch ihr einen Herrn habt, und dieser Herr ist im Himmel.

1. Fertigen Sie eine Tabelle an, welche die in diesem Text erläuterten Beziehungen im antiken Haushalt und ihre jeweiligen Pflichten darstellt.

2. Welchen Maßstab, mit dem man messen soll, ob man seinen Pflichten nachkommt, legt Paulus überall an? (Vgl. V. 3,18.20.22.23.24; 4,1.)

3. Was genau erwartet Paulus von Ehefrauen und Ehemännern, wenn er Erstere auffordert, sich ihren Ehemännern unterzuordnen, und Letztere auffordert, ihre Ehefrauen zu lieben (V. 3,18-19)? (Siehe die Erläuterungen zum Abschnitt.)

4. Welche Ziele verfolgt Paulus in der Kindererziehung mit seinen Anweisungen an Kinder und Eltern (V. 3,20-21)? (Siehe die Erläuterungen zum Abschnitt.)

5. Wie wirkt die Unterweisung des Paulus an Sklaven auf Sie (V. 3,22-25)? Welche geschichtlichen und kulturellen Faktoren bedingen seine Ansichten? (Siehe die Erläuterungen zum Abschnitt.)

6. Welche Schlüsse können Arbeitnehmer und Arbeitgeber aus den jeweiligen Anweisungen an Sklaven (3,22-25) und Herren (4,1) für ihren Umgang miteinander in unserer Kultur ziehen?

BIBELGESPRÄCH

(30–40 Minuten)
Wählen Sie ggf. unter den Fragen aus.

1. In welchen Beziehungen fordern Sie die Anweisungen des Paulus am meisten heraus?

2. Wo empfinden Sie, dass Sie ungerecht behandelt werden? Wie gehen Sie damit um?

3. Was wäre bei Ihnen anders, wenn Sie konsequent nach dem Motto leben würden: „Ich möchte tun, was Jesus Freude macht"?

AUSTAUSCH

(15–30 Minuten)
Sie können das Gespräch mit einem gemeinsamen Gebet abschließen.

V. 3,18–4,1. In diesem Abschnitt erteilt Paulus praktische Anweisungen an die Christen in Kolossä in Bezug auf ihre Verantwortungen innerhalb ihrer Familien. **Martin Luther nannte diese Art von Text, wie sie uns auch in Eph 5,21–6,9 und 1 Petr 3,1-7 begegnen, „Haustafel“.** Zumindest Lesern der Lutherbibel wird dieser Begriff als Überschrift an diesen Stellen bekannt vorkommen. Haustafeln waren übrigens keine Erfindung der frühen christlichen Kirche. Man kannte sie damals aus philosophischen Schriften, etwa bei Aristoteles. Sie folgen einem einfachen Schema: Die verschiedenen Mitglieder des typischen antiken Haushalts werden paarweise angesprochen – Ehefrauen und Ehemänner, Kinder und Väter, Sklaven und Herrn – und jeweils darin unterwiesen, welche Pflichten sie ihrem Gegenüber zu leisten haben.

Warum bedient sich Paulus einem Schema, das der profanen Umwelt entnommen wurde? Das ist an sich nichts Ungewöhnliches. **Denn die Bibel macht von vielen literarischen Formen ihrer Zeit Gebrauch. Sie sucht überall Berührungspunkte in der Kultur, in der sich ihre Leser befinden, um somit eine Brücke zu ihnen zu bauen.** Auch antike Menschen hatten überlegt, wie Beziehungen am besten funktionieren, und Paulus konnte an ihren Vorstellungen anknüpfen. Wo diese vernünftig waren, übernahm er sie, wenn auch nicht unkritisch. Vielmehr stellte er sie auf eine neue Basis. **Der Maßstab für Paulus war nicht „So ist es bei uns“, sondern „So soll es im Herrn sein“.** (Der Begriff „Herr“ kommt in diesem kurzen Abschnitt siebenmal vor.) Damit bekamen die Haustafeln eine neue Ausrichtung. **Denn die biblischen Listen werden nicht, wie sonst in der Antike, dazu eingesetzt, die unangefochtene Vollmacht des Hausherrn zu untermauern, sondern diese einzugrenzen.** Dieser wird nicht mehr als unabhängiger Herrscher seines Haushalts betrachtet. Nun wird von ihm erwartet, dass er die ihm zugewiesene Position innerhalb eines Beziehungsgeflechts mit den anderen Mitgliedern des Haushaltes einnimmt. Das erkennt man vor allem daran, dass untypischerweise Ehefrauen, Kinder und Sklaven direkt angesprochen werden und somit als gleichwertige Personen behandelt werden.

Warum kommt Paulus ausgerechnet an dieser Stelle darauf zu sprechen? Wie wir bei der Behandlung des letzten Abschnitts in Lektion 7 gesehen haben, war es ihm ein Anliegen, dass in der Gemeinde Frieden herrscht und dass alles im Namen des Herrn Jesus geschieht (vgl. zu 3,15.17). Nun führt er aus, wie das ganz praktisch im Kontext der Familie aussehen soll. Auch wenn ihm bewusst ist, dass viele Gemeindemitglieder Familien angehörten, in denen nicht alle Jesusnachfolger waren, sollen sie sich ungeachtet dessen Mühe geben, ihren Verantwortungen nachzukommen.

V. 18-19. Paulus wendet sich zuerst an Ehepartner und beginnt mit den Ehefrauen. (Die griechischen Wörter für „Frau“ und „Mann“ können genauso wie im Deutschen auch Ehefrauen und -männer bezeichnen.) Die Ehefrauen in der Gemeinde werden aufgefordert, sich ihren Ehemännern „unterzuordnen“. In der zeitgenössischen westlichen Kultur stößt diese Aufforderung auf Unverständnis, wenn nicht auf Bestürzung und Verärgerung. In der Antike hingegen war die Unterordnung einer Frau ihrem Ehemann gegenüber eine Selbstverständlichkeit. Paulus möchte, dass sich die Ehefrauen in seinen Gemeinden nicht dagegen auflehnen, sondern die leitende Position ihrer Ehemänner in der Ehe anerkennen. Das darf übrigens für Christen, deren Herr, Jesus, sich freiwillig seinem Vater ewig unterordnet (1 Kor 15,28), obwohl sie vom Wesen her gleichwertig sind (Phil 2,4), nicht als Erniedrigung ausgelegt werden.

Von blindem Gehorsam kann hier keine Rede sein. Erstens ist es auffallend, dass Paulus – im Gegensatz zu dem, was er von Kindern und Sklaven verlangt – eben nicht von „gehorchen“ spricht, sondern von „sich unterordnen“. **Von den Frauen wird demnach keine passive, sondern eine aktive Haltung erwartet.** Dieser Eindruck wird dadurch verstärkt, dass die Frauen, wie oben schon erwähnt, direkt angesprochen werden. In profanen Haustafeln wird typischerweise der Mann aufgefordert, dafür zu sorgen, dass seine Frau ihm gehorcht. Ein solches machthaberisches Vorgehen konnte Paulus niemals gutheißen. **Die Wortwahl macht deutlich, dass für ihn Unterordnung nicht von den Männern verlangt, sondern nur von Ehefrauen aus freien Stücken geboten werden kann.**

Zweitens werden der von der Frau verlangten Unterordnung durch die Bedingung, die Paulus dieser Aufforderung hinzufügt, Grenzen gesetzt. Diese soll nämlich auf eine Art und Weise erfolgen, „wie es im Herrn angemessen ist" (so wörtlich). Angemessenheit galt in der Antike als ein wichtiges ethisches Prinzip, aber die Norm entsprach dem, was die Gesellschaft für gut hielt. **Für Paulus hingegen wird die Norm vom Herrn selbst gegeben und entspricht einem Lebensstil, der ihm gefällt (vgl. 1,10).** Somit wird die Vollmacht des Ehemannes von vornherein eingeschränkt. Paulus hätte z.B. – im Gegensatz zu den damals gängigen Erwartungen – nie eingewilligt, dass christliche Ehefrauen die Götter ihrer nichtgläubigen Ehemänner anbeten sollen, wenn diese es von ihnen verlangten. Im Konfliktfall musste man Gottes Anweisungen folgen und nicht denen der Menschen (Apg 5,29).

Ehemänner werden ihrerseits schlicht angehalten, ihre Frauen zu lieben. Im Epheserbrief fügt Paulus dem gleichen Gebot (Eph 5,25a) eine lange Begründung hinzu (Eph 5,25b-29). **Darin setzt er die selbstlose und aufopferungsbereite Liebe Christi für die Gemeinde als Maßstab, an dem die Liebe des Mannes für seine Frau gemessen wird.** An unserer Stelle belässt Paulus es bei dem einfachen Gebot, gefolgt von einer weiteren Aufforderung, die wörtlich heißt: „Lasst keine Bitterkeit gegen sie aufkommen." (Die NGÜ übersetzt unscharf mit: „Geht nicht rücksichtslos mit ihnen um.") Ob Paulus eine bestimmte Situation in Kolossä vor Augen hat, die ihn veranlasst, etwaige aufkeimende Bitterkeit der Männer zu untersagen, wissen wir nicht. Auffallend ist, dass die Formulierung voraussetzt, dass Ehefrauen ihren Männern nicht immer folgen werden – zum Gehorsam wurden sie ja, wie wir oben gesehen haben, hier nicht aufgefordert. Nach antiken Vorstellungen konnte der Mann dies von seiner Frau einfordern. Für Paulus ist das keine Option, und er ist sich bewusst, dass Männer in dieser Situation geneigt gewesen wären, einen Groll gegen ihre Frauen zu hegen. Die Liebe verbietet eine solche Reaktion. **Männer können die Unterordnung ihrer Frauen nicht erzwingen, sondern nur durch ihren liebevollen Umgang mit ihnen ermöglichen.**

Im Kolosserbrief werden die Anweisungen des Paulus an Eheleute nicht weiter kommentiert, aber im Epheserbrief begründet er sie theologisch. So wird klar, dass sich der Apostel die christliche Ehe als eine symbolische Darstellung der Beziehung zwischen Christus und seiner Braut, der Gemeinde, vorstellt (Eph 5,32). Der Mann übernimmt dabei die Rolle von Christus und die Frau die Rolle der Gemeinde. Es ist jedoch auffallend, dass Paulus weder dort noch hier christlichen Ehepaaren Anweisungen erteilt, wie dies im Genaueren auszusehen hat. Vielmehr ermutigt er sie implizit dazu, selbst nach eigenem Ermessen darüber einvernehmlich zu entscheiden, wie sie ihre jeweiligen Rollen ausführen sollen. Je nach Kultur und unter Berücksichtigung der individuellen Persönlichkeiten des Mannes und der Frau mit ihren einzigartigen Gaben und Neigungen können diese sehr unterschiedlich aussehen. **Paulus erteilt Ehepartnern somit keine starren geschlechterspezifischen Aufgaben, die sie unbedingt zu erfüllen haben, sondern eine Einladung, ihre Ehen so zu gestalten, dass sie auf ihre eigene Art und Weise die größte Liebesgeschichte aller Zeiten kreativ veranschaulichen.**

V. 20-21. Als Nächstes wird die Eltern-Kind-Beziehung erörtert. Kinder werden zuerst angesprochen und aufgefordert, ihren Eltern in allem zu gehorchen. Das hier vorkommende griechische Wort für „Kind" ist in erster Linie ein Beziehungsbegriff und sagt nichts über das Alter der angesprochenen Kinder aus. Aus antiken Quellen wissen wir jedoch, dass Kinder damals gegenüber ihren Eltern zu Gehorsam verpflichtet waren, bis sie volljährig geworden waren. Es ist davon auszugehen, dass Paulus ebenso minderjährige Kinder im Blick hat. Seine Haltung spiegelt somit nicht nur antike, sondern auch alttestamentliche

Vorstellungen wider. **Auffallend dabei ist nicht das Gebot an sich, sondern die Tatsache, dass Paulus Kinder unmittelbar anspricht und somit als ernst zu nehmende Personen, die man in die Pflicht nehmen kann, wahrnimmt.**

Paulus begründet seine Aufforderung an die Kinder, ihren Eltern zu gehorchen, mit der Behauptung, dass „der Herr, dem ihr gehört, daran Freude hat". Wie wir in Bezug auf christliche Ehefrauen gesehen haben, ist auch bei den Kindern nicht entscheidend, welche weltlichen Maßstäbe zur Geltung kommen, sondern das, was dem Herrn „gefällt" (so wörtlich). Damit knüpft Paulus an 1,10 an, wo er diesen Maßstab bei allen ethischen Überlegungen geltend macht, aber auch, wie es scheint, an Common Sense, d. h. an den gesunden Menschenverstand. **Denn minderjährigen Kindern fehlt die Reife und Erfahrung, um auf sich allein gestellt einen solchen Lebensstil zu verfolgen.** Bis sie sich diesen angeeignet haben, sollen sie auf ihre Eltern hören.

Paulus wendet sich anschließend an die Väter, die nach damaligem Recht die alleinige Verantwortung für die Erziehung ihrer Kinder trugen. In unserem Kontext hätte er bestimmt auch Mütter explizit erwähnt. Eltern sollen ihre Vollmacht über ihre Kinder nicht missbrauchen, indem sie „übermäßig streng" mit ihnen umgehen (wörtlich steht, sie sollen sie nicht „provozieren"). Denn in diesem Fall erreichen sie nur, dass die Kinder „mutlos" werden. Das griechische Wort beschreibt einen Zustand der Enttäuschung und Motivationslosigkeit, der das Vorankommen im Hinblick auf einen reifen Charakter verhindert. Schließlich ist es der Wunsch aller (psychisch gesunden) Eltern, reife Kinder heranzuziehen, die in der Welt zurechtkommen und ein Segen für andere Menschen sind. **Natürlich müssen Eltern ihren minderjährigen Kindern Grenzen setzen und schlechtes Benehmen unterbinden, aber das Ziel in der Erziehung sollte sein, dass Kinder ermutigt werden, selbst Verantwortung für ihr Leben zu übernehmen.** Zu viel Tadel und zu wenig Lob sind diesem Ziel nicht dienlich.

V. 3,23–4,1. Als Letztes kommt Paulus auf das Sklaven-Herrn-Verhältnis zu sprechen. **Wir leben – zum Glück – in einer Zeit, in der es einen starken gesellschaftlichen Konsens gibt, dass die Sklaverei nicht toleriert werden darf** (auch wenn wir mit Entsetzen feststellen müssen, dass Millionen illegal in der modernen Sklaverei gehalten werden). Wir finden es deswegen befremdend, dass das NT die Sklaverei als eine, wie es scheint, nicht zu verändernde Gegebenheit hinnimmt. Wir hätten es gerne gesehen, dass Paulus lautstark dagegen protestiert hätte. Doch wie wir in der Einleitung zum Philemonbrief sahen, hat er sich als antiker Zeitgenosse, wie alle anderen Menschen damals, eine Welt ohne Sklaverei kaum vorstellen können. Schließlich waren ein Drittel der Bevölkerung Sklaven, und diejenigen in Kolossä, die Paulus vor Augen hat, waren Sklaven im antiken Haushalt. Vielen von ihnen ging es besser als ihren freien Glaubensgeschwistern, die oft in bedrückender Armut lebten. Wie dem auch sei: **Auch wenn Paulus keinen Sklavenaufstand ausgerufen hat, wollte er die Beziehung zwischen christlichen Sklaven und Herren auf eine neue Basis stellen, die mit der Zeit die Sklaverei zunehmend illegitim erscheinen ließ.** So verdanken wir es zu einem großen Teil ihm, dass die westliche Gesellschaft unter dem Einfluss der christlichen Lehre die Sklaverei abgeschafft hat.

Ganz offensichtlich lässt sich die Lehre des Paulus in diesem Abschnitt nicht auf unsere heutige Gesellschaft bzw. auf die Situation in unseren Gemeinden eins zu eins übertragen. **Dennoch können manche in diesem Text vorkommenden Prinzipien durchaus gewinnbringend auf das moderne Arbeitnehmer-Arbeitgeber-Verhältnis angewandt werden.** Denn Arbeitnehmer müssen, wenn sie ihren Job behalten wollen, den Anweisungen ihrer Arbeitgeber folgen. An Werktagen sind sie nicht frei zu tun und lassen, was sie wollen, und manchmal werden auch sie ausgebeutet. Ihrerseits bestimmen Arbeitgeber das Leben ihrer Angestellten im hohen Ausmaß und sollten sich ihrer Verantwortung bewusst sein. So können beide Gruppen von den Ausführungen des Apostels profitieren.

V. 22. Paulus wendet sich zuerst an die Sklaven und seine Unterweisung an sie fällt im Vergleich zu allen anderen angesprochenen Personen in dieser Haustafel wesentlich länger aus. Vielleicht sorgte die Freilassung des Sklaven Onesimus (vgl. die Einleitung zum Philemonbrief) für gewisse Spannungen in der Gemeinde. Jedenfalls geht Paulus ausführlicher auf ihre Pflichten ein. Wie die Kinder werden die christlichen Sklaven aufgefordert, ihren Herren in allem zu gehorchen. Diese Aufforderung entspricht der gesellschaftlichen Erwartung damals, aber im Folgenden wird klar, dass für Paulus die Motivation dahinter eine ganz andere ist. Sklaven sollen sich nämlich nicht bemühen, besonders eifrig zu sein, wenn sie beobachtet werden. Solches Verhalten setzt voraus, dass es darum ginge, Menschen zu gefallen. Christliche Sklaven sollen vielmehr ihren irdischen Herren „mit aufrichtigem Herzen und aus Ehrfurcht vor dem Herrn" dienen. Von ihnen wird somit verlangt, dass sie aus lauteren Motiven handeln. **Sie sollen nicht aus Angst vor ihren Herren, sondern aus Ehrfurcht vor dem wahren Herrn – Jesus ist natürlich gemeint – ihr Bestes geben, und das nicht nur gelegentlich, sondern stetig und gewissenhaft. Das ist, wie oben schon angedeutet, auch ein guter Rat für Arbeitnehmer.**

V. 23. Es hängt nicht von der Art der Arbeit ab, ob man sich befleißigen soll oder nicht. „Worin auch immer eure Arbeit besteht", sagt Paulus, „tut sie mit ganzer Hingabe." **Es sind Verse wie diese, die während der Reformationszeit maßgeblich zur Aufwertung profaner Arbeit beigetragen haben. Denn Martin Luther war überzeugt: Der Schuster, der Schmied, die Milchmagd, alle dienen Gott genauso wie der Priester in der Kirche.** Und weil man dabei in erster Linie dem Herrn und nicht Menschen dient, soll man mit ganzer Hingabe ans Tageswerk gehen. Die Wortwahl kommt nicht von ungefähr. Sklaven dienen einem irdischen „Herrn", aber alle, Herren und Sklaven, dienen dem wahren „Herrn". Das wird Paulus auch den Herren einschärfen, wenn er auf sie zu sprechen kommt.

V. 24. Sklaven bekommen einen gerechten Lohn für ihre Arbeit in der Form eines Erbes: im Römischen Reich undenkbar, denn sie durften nichts erben, und von Lohn konnte gar nicht die Rede sein! Zwar wird ihre Arbeit hier auf Erden nicht vergütet, aber Sklaven, die Jesus nachfolgen, können ein Erbe erwarten, das ihnen nach dem Tod ausbezahlt wird. Viele Christen halten es für unlauter, vom Lohngedanken motiviert zu sein, aber solche Bedenken hat Paulus offensichtlich nicht (vgl. Röm 2,6-8; 2 Kor 5,10). Im Übrigen auch Jesus nicht (vgl. Mt 25,14-30). **Die Abneigung davor, von der Aussicht auf Lohn motiviert zu sein, ist eine moderne Einstellung, die sich vor allem auf den Philosoph Immanuel Kant (1724–1804) zurückverfolgen lässt. Biblisch ist sie nicht,** auch wenn sicherlich davor gewarnt werden soll, den ewigen Lohn mit materiellen Gütern gleichzusetzen. Dennoch wird der Einsatz der Sklaven von ihrem wahren Herrn – Jesus Christus – gebührend anerkannt. Sie werden zum Schluss daran erinnert, dass sie in Wirklichkeit ihm dienen. (Die NGÜ übersetzt den letzten Teil von V. 24 mit einem Imperativsatz – „Darum dient ihm, Christus, dem Herrn" –, aber er kann genauso als Indikativsatz aufgefasst werden – „Ihr dient nämlich dem Herrn Christus".)

V. 25. Wenn Sklaven die Aussicht auf einen Lohn für den gewissenhaften Einsatz als positiver Beweggrund dienen kann, dann soll ihnen genauso die Erwartung, dass Bosheit entsprechend entlohnt wird, als negativer Beweggrund dienen. „Denn auch der, der Unrecht tut, wird einen Lohn empfangen – den Lohn für sein Unrecht." Paulus teilt seinen Lesern hier nur das mit, was jeder Jude, der die alttestamentliche Weisheitsliteratur, vor allem die Sprüche, kennt, bereits wusste: **Es gibt einen Zusammenhang zwischen dem, was einer tut, und dem, wie es ihm ergeht.** Diese biblische Einsicht – sie ist natürlich eine verallgemeinernde Binsenweisheit und kein eisernes Naturgesetz – sollen die Sklaven beherzigen. Sie wären ansonsten vielleicht dazu geneigt, ihren Herren das Ungerechte, das sie von ihnen erlitten haben, selbst zu vergelten. Dabei würden sie ausblenden, dass Gott ein „unbestechlicher Richter" ist. Wörtlich heißt es: „Bei Gott gibt es kein Ansehen der Person." Er wird die gesellschaftlich höher Gestellten im Gericht nicht schonen, aber auch die Vergehen der gering Geachteten nicht übersehen. **Am besten überlässt man Gott das Geschäft mit der Vergeltung gänzlich. Er wird es gerecht richten** (Hebr 10,30).

V. 4,1. Deswegen sollen auch diejenigen in der Gemeinde, die Sklaven halten, diese gerecht und fair behandeln. Das ist an sich keine Idee, die erst im NT erwogen wird. Sowohl im AT als auch gelegentlich von den griechischen Philosophen werden Herren dazu angehalten. Das, was diese Aussage außergewöhnlich erscheinen lässt, ist ihre anschließende Begründung. Wörtlich heißt es: „Denn ihr wisst, dass auch ihr einen Herrn im Himmel habt.“ **Mit einer kurzen Feststellung nivelliert Paulus jeglichen Unterschied zwischen Herren und Sklaven in der Gemeinde. Die einen sind genauso wie die anderen „Sklaven Christi“** – eine Lieblingsbezeichnung des Apostels für sich selbst (Röm 1,1; Phil 1,1). Alle werden sich ihm verantworten müssen, und der Maßstab wird für alle gleich sein.

Wenn die Anweisungen an Sklaven gewissermaßen auf Arbeitnehmer übertragen werden können, dann können umso mehr die Anweisungen an die Herren auf moderne Arbeitgeber angewandt werden. Auch sie werden durch die Lehre des Paulus aufgefordert, ihre Angestellten gerecht und fair zu behandeln. Das heißt zumindest: gute Arbeitsbedingungen schaffen, einen fairen Lohn bezahlen und von den Arbeitnehmern nicht auf Dauer mehr fordern als das, was mit einem gesunden Lebensstil vereinbar ist. Denn auch sie werden eines Tages vor ihrem Herrn dafür Rede und Antwort stehen müssen bzw. ihren gerechten Lohn bekommen.

Kurze Anweisungen und Grüße

9

Kolosser 4,2-18

EINSTIEG

(15–20 Minuten) Wählen Sie bitte eine oder zwei Fragen aus.

1. Welche Menschen haben am meisten dazu beigetragen, dass Sie Jesus Christus nachfolgen?
2. Sind Sie gewissenhaft oder nachlässig, wenn es darum geht, jemandem Grüße auszurichten?
3. Erzählen Sie von einer prägenden Erfahrung, die Sie als Gast in einer anderen Gemeinde gemacht haben.

BIBELTEXT

Die Aufgabe der Kolosser

2 Betet mit aller Ausdauer, voll Dankbarkeit gegenüber Gott und ohne in eu-
rer Wachsamkeit nachzulassen. 3 Tretet auch für uns ein, wenn ihr betet! Bit-
tet Gott, uns eine Tür für seine Botschaft zu öffnen. Dann können wir das
Geheimnis weitergeben, das Christus uns enthüllt hat und für das ich im
Gefängnis bin. 4 Betet, dass ich meinen Auftrag erfüllen und dieses Geheim-
nis klar und verständlich verkünden kann.

5 Verhaltet euch klug im Umgang mit denen, die nicht zur Gemeinde gehö-
ren. Wenn sich euch eine Gelegenheit bietet, euren Glauben zu bezeugen,
dann macht davon Gebrauch. 6 Eure Worte sollen immer freundlich und mit
dem Salz der Weisheit gewürzt sein. Dann werdet ihr es auch verstehen,
jedem, der mit euch redet, eine angemessene Antwort zu geben.

Mitteilungen und Grüße

7 Über meine persönliche Situation wird euch Tychikus, unser geliebter Bru-
der und mein treuer Helfer und Mitarbeiter im Dienst für den Herrn, ausführ-
lich informieren. 8 Wenn ich ihn zu euch schicke, dann genau aus diesem
Grund: Ihr sollt erfahren, wie es um uns steht, und sollt durch seinen Besuch
gestärkt und ermutigt werden. 9 Zusammen mit ihm wird Onesimus reisen,
unser treuer und geliebter Bruder, der ja aus Kolossä kommt und somit ei-
ner von euch ist. Die beiden werden euch alles mitteilen, was es von hier zu
berichten gibt.

10 Aristarch, mein Mitgefangener, und Markus, der Vetter von Barnabas,
lassen euch grüßen. Was Markus betrifft, habt ihr ja bereits Anweisungen
erhalten; wenn er zu euch kommt, heißt ihn herzlich willkommen. 11 Ebenfalls
grüßen lässt euch Jesus, der auch Justus genannt wird. Vom jüdischen Volk
sind diese drei die Einzigen, die mit mir für das Reich Gottes arbeiten; sie
sind mir ein großer Trost geworden.

12 Weiter lässt euch Epaphras grüßen, der ebenfalls einer von euch ist. Die-
ser Diener von Jesus Christus tritt als ein unermüdlicher Kämpfer für euch ein,
indem er darum betet, dass ihr euch als geistlich reife Menschen bewährt,
deren ganzes Leben mit Gottes Willen übereinstimmt. 13 Ich weiß, wie viel
Mühe Epaphras für euch und für die Gläubigen in Laodizea und Hierapolis
auf sich nimmt; ich kann es bezeugen.

14 Auch Lukas, der geliebte Arzt, lässt euch grüßen, ebenso Demas.

15 Grüßt die Geschwister in Laodizea, besonders Nympha und die Ge-
meinde, die in ihrem Haus zusammenkommt.

16 Wenn dieser Brief bei euch vorgelesen worden ist, dann sorgt dafür, dass
er auch in der Gemeinde von Laodizea vorgelesen wird. Und umgekehrt sollt
ihr den Brief, den ich nach Laodizea geschickt habe, auch bei euch vorlesen.

17 Archippus sollt ihr Folgendes ausrichten: „Vernachlässige den Auftrag
nicht, den du als ein Diener des Herrn erhalten hast, sondern führe ihn voll-
ständig aus!"

18 Und hier noch mein persönlicher Gruß; ich, Paulus, schreibe ihn mit
eigener Hand. Denkt an mich und meine Fesseln! Die Gnade sei mit euch!

BIBELGESPRÄCH

(30–40 Minuten)
Wählen Sie ggf. unter den Fragen aus.

1. Paulus fordert die Gläubigen zum Gebet auf. Wie stellt er sich das Beten vor (V. 2-4)?

2. Paulus erwartet auch, dass Christen in der Lage sind, anderen von ihrem Glauben an Jesus erzählen. Was gehört für ihn dazu (V. 5-6)?

3. Warum empfiehlt Paulus den Kolossern Tychikus und Onesimus an (V. 7-9)? (Siehe die Erläuterungen zum Abschnitt.) Wie können sie uns als Vorbild dienen?

4. Paulus richtet Grüße an die Kolosser von einigen Mitarbeitern aus (V. 10-14). Machen Sie eine Liste von ihnen und notieren Sie die Dinge, die er über sie sagt.

5. Was lernen wir über das Gemeindeleben im 1. Jahrhundert aus V. 15-17? (Siehe die Erläuterungen zum Abschnitt.)

6. Welchen Eindruck hinterlässt bei Ihnen der persönliche Gruß von Paulus bzw. der Briefabschluss als ganzer (V. 18)?

AUSTAUSCH

(15–30 Minuten)
Sie können das Gespräch mit einem gemeinsamen Gebet abschließen.

1. Wie ist Ihr Gebetsleben? Wie können Sie und Ihre Glaubensgeschwister einander besser im Gebet unterstützen?

2. Finden Sie es spannend, anderen von Ihrem Glauben an Jesus zu erzählen, oder haben Sie eher Angst davor? Warum?

3. Wie gut sind Sie mit Menschen aus anderen Gemeinden oder Kirchengemeinschaften vernetzt? Wie können Sie das fördern?

ERLÄUTERUNGEN

V. 2. Der letzte Abschnitt im Kolosserbrief beginnt mit einem Aufruf zum Gebet. Martin Luther hat gesagt: „Wie ein Schuster einen Schuh macht und ein Schneider einen Rock, also soll ein Christ beten. **Eines Christen Handwerk ist Beten.**" Dem hätte Paulus auf jeden Fall zugestimmt. Wörtlich heißt es hier, die Gläubigen in Kolossä sollen „sich dem Gebet widmen". Die gleiche Anweisung erteilt Paulus den Christen in Rom (Röm 12,12). **Für die frühchristliche Kirche war in dieser Hinsicht die Lehre (Lk 6,12) und die Praxis (Lk 18,1) Jesu tonangebend.** Paulus hat selbst sein unablässiges Gebet für die Kolosser betont (1,9) und nun fordert er sie auf, sich an seinem Beispiel zu orientieren. Die Gebetspraxis der Christen soll ihm zufolge von zwei Einstellungen geprägt werden. Erstens sollen ihre Gebete von Dankbarkeit begleitet werden. Dies lebt Paulus auch vor: Fast jeder Brief beginnt mit einem Dankesgebet an Gott. Er kann sich das Gebet ohne Danksagung nicht vorstellen (vgl. z. B. Phil 4,6). Zweitens sollen die Kolosser im Gebet wachsam bleiben. Auch hinter dieser Aufforderung ist der Einfluss Jesu spürbar. Immer wieder hat er seine Jünger angesichts der Versuchungen und Verwirrungen, denen sie ausgesetzt werden, zur Wachsamkeit angemahnt (z. B. Mt 24,42).

V. 3-4. Paulus legt den Christen in Kolossä auch ein spezifisches Anliegen ans Herz: Sie sollen für ihn beten. Darum bittet er des Öfteren in seinen Briefen (Röm 15,30-31; 2 Kor 1,11; Phil 1,19; 1 Thess 5,25; 2 Thess 3,1-2). Die Kolosser sollen insbesondere beten, dass Gott ihm und seinem Team „eine Tür für seine Botschaft" öffnet. An zwei weiteren Stellen gebraucht Paulus das Bild von einer offenen Tür, die die bereitwillige Aufnahme des Evangeliums seitens seiner Hörer symbolisiert (1 Kor 16,9; 2 Kor 2,12). Er bringt dadurch seine Überzeugung zum Ausdruck, dass **Gott die Herzen der Menschen vorbereiten muss, wenn sie sein Wort begreifen und annehmen sollen.** Anderenfalls bleibt es ihnen ein Rätsel. Paulus spricht hier wörtlich vom „Geheimnis Christi". Der Ausdruck „Geheimnis" begegnete uns bereits in 1,26-27. Dort sahen wir, dass damit Wahrheiten über Gott und seinen Willen gemeint sind, die uns verborgen bleiben, es sei denn, Gott erschließt sie uns.

Schließlich erinnert Paulus die Gemeinde in Kolossä daran, dass er wegen der Botschaft, die er predigt, in Gefangenschaft ist. Was ihn am meisten daran stört, ist die Tatsache, dass er nicht frei und offen predigen kann. Das ist bewundernswert: **Unser erster Impuls wäre eher zu beten (und andere um ihre Gebete zu bitten), dass Gott UNS statt der Botschaft eine Tür aufmacht – die zum Gefängnis!** Paulus war es wichtiger, dass das Evangelium ohne Hindernisse verkündet werden könne. Deswegen sollen die Kolosser beten, dass es ihm gelingt, seinen Hörern das Evangelium zu erschließen, wie dies ihm aufgetragen wurde.

V. 5. Paulus ist sich seiner Verantwortung als Verkünder des Evangeliums bewusst, aber **vor Ort tragen die Gläubigen in Kolossä Verantwortung für die Verbreitung der Botschaft von Christus.** Wörtlich heißt es hier, sie sollen „in Weisheit wandeln vor denen, die draußen sind". Paulus denkt an Nichtgläubige im Umkreis der Gemeinde bzw. ihrer Glieder, die Jesus nicht nachfolgen. Wenn die Christen ein Leben führen, das Gott gefällt und auch im Sinne der alttestamentlichen Weisheit gelingt, dann hat das eine positive Wirkung nach außen. **Nichtgläubige können sehen, dass das Evangelium keine abstrakte Heilslehre bietet und keine anstrengende Frömmigkeit fordert, sondern ein Leben ermöglicht, das erfüllend und sinnstiftend ist.**

Deswegen sollen Christen jede Gelegenheit, die sich bietet, ihren Glauben an Jesus zu bezeugen, nützen. Wörtlich heißt es an dieser Stelle „Kauft die Zeit aus". Nun hat aber das Griechische zwei Wörter für „Zeit", eines für den normalen Ablauf der Zeit und eines für den für eine bestimmte Tätigkeit geeigneten Moment. Letzteres kommt hier vor. **Gemeint ist also nicht, dass man andauernd von Jesus erzählt, sondern dass man ein Gespür dafür entwickelt, wann dies dran ist, und solche Gelegenheiten nicht verpasst.** Auch das ist eine herausfordernde Aufgabe, aber man muss kein „Superchrist" sein, um sie bewältigen zu können.

V. 6. Darüber hinaus werden die Christen in Kolossä aufgefordert, darauf zu achten, wie sie reden und was sie genau sagen. Ihre Worte sollen wörtlich „stets voller Gnade" sein. Die NGÜ erfasst mit ihrer Übersetzung „immer freundlich" nicht ganz das, was Paulus sagen will. Er hat sicherlich nichts dagegen, wenn Christen freundlich auftreten. Aber bei der in der Antike geläufigen Redewendung „mit Salz gewürzt", die er hier gebraucht, **geht es vielmehr darum, dass man passende Worte findet, keine faden Ausdrücke verwendet und Klischees vermeidet.**

Vor allem müssen Christen in der Lage sein, Nichtgläubigen wahrheitsgetreue und überzeugende Antworten auf ihre Fragen zu geben. Es ist schade, wenn sie die Möglichkeit bekommen, sich zu Jesus zu bekennen, aber dann verlegen und unbeholfen dastehen, weil sie nicht wissen, wie sie auf die einfachsten Fragen bezüglich ihres Glaubens reagieren sollen. Die damals verschwindend kleine Zahl der Jesusnachfolger in Kolossä wurde von ihren Mitbürgern bestimmt mit Skepsis betrachtet. Paulus mutet ihnen dennoch sehr viel zu. **Er stellt sich offenbar keine Gemeinde vor, die ängstlich ihren Glauben hinter verschlossenen Türen pflegt, sondern eine, deren Glieder ihn mutig und selbstbewusst unter Nachbarn und am Arbeitsplatz bezeugen.** Er rechnet offenbar nicht nur mit Widerstand, sondern auch mit Zuwachs – und dies nicht nur durch das treue Zeugnis der Apostel, sondern auch der „normalen" Christen vor Ort.

V. 7-8. In der Antike gab es nur einen Weg, direkt mit anderen Menschen über längere Distanzen hinweg Kontakt aufzunehmen: durch Briefe. Es gab aber keine öffentliche Post, bei der man einen Brief aufgeben und einigermaßen sicher damit rechnen konnte, dass er beim Empfänger ankommen würde. Stattdessen musste man einen zuverlässigen Freund oder Kollegen finden, der entweder zufällig vorhatte oder im Auftrag des Senders bereit war, zu dem Empfänger zu reisen und ihm das Schreiben anzuvertrauen. Briefträger erfüllten somit eine wichtige Funktion, und es war üblich, sie gegen Ende eines Briefes namentlich zu erwähnen und sie den Empfängern anzubefehlen. Das tut auch Paulus an dieser Stelle.

Der Briefüberbringer heißt Tychikus. Über ihn wissen wir nur, dass er aus der römischen Provinz Asien (in der heutigen Südwesttürkei) stammt (Apg 20,4). Wahrscheinlich kam er durch Paulus in Ephesus (der Hauptstadt Asiens) zum Glauben und wurde von ihm dort als Mitarbeiter ausgebildet. Paulus beschreibt Tychikus wörtlich als seinen „geliebten Bruder, treuen Diener und Mitstreiter im Herrn“. Das sind seine typischen Bezeichnungen für seine Mitarbeiter. Sie werden hier angehäuft, sodass der Eindruck einsteht, **Paulus hat von diesem wohl noch jungen Mann viel gehalten und ihn als verantwortungsbewusst und vertrauenswürdig eingeschätzt.** Diesen Eindruck bekräftigt die Tatsache, dass Paulus ihn des Öfteren mit wichtigen Briefen losschickte (Eph 6,21; 2 Tim 4,12; Tit 3,12).

Tychikus bekam im Falle der Kolosser auch den Auftrag, den Kolossern zu erzählen, wie es dem Apostel Paulus ging. Sie hatten wohl gehört, dass er in Gefangenschaft war, und machten sich Sorgen um ihn. Paulus spricht im Kolosserbrief nur zögernd über seine Lage, aber er hat nichts dagegen, dass Tychikus den Gläubigen in Kolossä mündlich mitteilt, wie es um ihn bestellt ist. Offensichtlich ging es ihm trotz Gefangenschaft nicht allzu schlecht. Jedenfalls meint er, dass die Kolosser durch den Bericht des Tychikus ermutigt werden.

V. 9. Von Onesimus haben wir bereits im Philemonbrief gehört (vgl. die Einleitung zum Philemonbrief sowie Lektion 1). Wir lernten ihn als Sklaven Philemons kennen, der Paulus aufgesucht hatte, damit der Apostel sich für ihn bei seinem Herrn einsetze, und durch ihn zum Glauben gekommen war. **Paulus schrieb Philemon, um ihn zu bitten, Onesimus aus der Sklaverei und in den Dienst des Apostels zu entlassen. Das ist inzwischen offensichtlich geschehen,** denn auch Onesimus wird als „unser treuer und geliebter Bruder“ bezeichnet. Das sind, wie oben schon erwähnt, typische Bezeichnungen des Paulus für seine Mitarbeiter. Onesimus reist mit Tychikus mit und wird den Kolossern auch erzählen können, wie es Paulus geht.

V. 10. Auf die Empfehlung der Briefüberbringer folgen – auch typisch für antike Briefe – Grüße an die Empfänger von beim Schreiber anwesenden Bekannten und Freunden. Aristarch wird als Erster erwähnt. Über ihn hat die Apostelgeschichte einiges zu berichten (Apg 19,29; 20,4; 27,2). Er stammte aus Thessalonich und war mit Paulus öfters unterwegs. Zusammen mit Tychikus begleitete er Paulus bei seiner letzten Reise nach Jerusalem und war bei ihm, als dieser in Caesarea gefangen genommen wurde. Vielleicht deswegen bezeichnet ihn Paulus als „Mitgefangenen“.

Auch von Markus richtet Paulus Grüße aus. Die nähere Beschreibung des Markus als Vetter des Barnabas ermöglicht seine Identifizierung mit Johannes Markus, der Mitglied der Jerusalemer Gemeinde war (Apg 12,12). Er begleitete Paulus und Barnabas bei ihrer ersten Missionsreise, brach diese aber aus uns unbekannten Gründen ab und verließ die beiden Missionare. Paulus wollte ihn deswegen bei der zweiten Missionsreise nicht mitnehmen, und es kam deswegen zu einem Bruch mit Barnabas, den Markus weiterhin begleitete, während Paulus Silas als Adjutant anstellte (Apg 15,36-41). Inzwischen gehörten diese schmerzhaften Erfahrungen der Vergangenheit an und Markus ist offensichtlich wieder Teil des Missionsteams des Apostels (vgl. die Erläuterungen zu Phlm 24 in Lektion 1). Die Kolosser haben Anweisungen über Markus von einer anderen Führungspersönlichkeit in der frühen Kirche (Barnabas vielleicht?) erhalten. Markus soll nach Kolossä kommen, und auch Paulus möchte, dass ihn die Gläubigen dort herzlich empfangen.

V. 11. Auch ein gewisser Jesus (der Name war verbreitet unter Juden im 1. Jahrhundert) mit Beinamen Justus lässt die Gemeinde in Kolossä grüßen. Über ihn erfahren wir sonst nichts im NT und auch hier lernen wir nur, dass er und die anderen beiden bisher Erwähnten, die Grüße ausrichten, die Einzigen unter den Mitarbeitern des Paulus sind, die wie Paulus selbst jüdischer Abstammung sind. **Von ihnen erfährt er besonderen Trost in seiner schwierigen Lage.**

V. 12-13. Auch Epaphras, der bereits als Mitarbeiter des Paulus und Gründer der Gemeinde in Kolossä in Kol 1,7 vorgestellt worden ist, lässt die Kolosser grüßen. An dieser Stelle lernen wir, dass er „einer von euch ist“ – das heißt, er stammt aus Kolossä. Obwohl er sich nun offensichtlich bei Paulus aufhält, liegen ihm die Kolosser nach wie vor sehr am Herzen. Er setzt sich für sie unermüdlich im Gebet ein, und seine Gebete haben eine ganz bestimmte Ausrichtung. Die

Gläubigen in Kolossä sollen „geistlich reife Menschen“ werden, die – so wörtlich – „vom ganzen Willen Gottes überzeugt werden“. **Das ist eine schöne Beschreibung geistlicher Reife: Man hat so oft erfahren, dass der Wille Gottes für einen das Beste ist, auch wenn er einen stark herausfordert, dass man ihn ohne langes Hadern und Zweifeln instinktiv bejaht und folgt.**

Paulus beteuert auch, dass Epaphras genauso im Gebet um die Gläubigen in den nahe an Kolossä liegenden Städten Laodizea und Hierapolis ringt. Von der Gemeinde in Laodizea haben wir bereits in Kol 2,1 gehört. Nun erfahren wir, dass es auch in Hierapolis Nachfolger Jesu gibt. Wie es scheint, hat Epaphras auch dort erfolgreich missioniert und auch wenn er von ihnen getrennt ist, bleibt die geistliche Entwicklung der Christen an allen drei Orten ihm ein wichtiges Anliegen. Sein Engagement für sie beeindruckt Paulus sehr.

V. 14. Zwei weitere Grüße folgen. Lukas, den Verfasser eines der vier Evangelien und der Apostelgeschichte, finden wir öfters in der Nähe des Paulus, wenn dieser sich in Gefangenschaft befindet (vgl. Phlm 24 und 2 Tim 4,11). An dieser Stelle lernen wir, dass er Arzt und vielleicht deswegen dem Apostel in solchen prekären Situationen von großem Nutzen war. Demas wird auch in Phlm 24 erwähnt. Über ihn erfahren wir weder dort noch hier Näheres. In 2 Tim 4,10 beklagt Paulus, dass Demas ihn während seiner Gefangenschaft „aus Liebe zur Welt“ verlassen hat und in seine Heimat Thessalonich zurückgekehrt ist. Beim Schreiben des Kolosserbriefes ist er aber immer noch an der Seite des Apostels und fällt nicht negativ auf.

V. 15. Auch Paulus will Grüße loswerden. Er bittet die Briefempfänger, diese an die Gläubigen in Laodizea weiterzuleiten, insbesondere an eine gewisse Nympha und die Gemeinde, die sich bei ihr zu Hause trifft. Die Formulierung lässt offen, ob Nymphas „Hauskirche“ ein Teil von der Gemeinde in Laodizea oder eine unabhängige Gemeinde war. Über Nympha selbst erfahren wir nichts, aber es herrschte scheinbar eine freundschaftliche oder verwandtschaftliche Beziehung zwischen ihr und Paulus.

V. 16. Paulus bittet die Gemeinde in Kolossä, nachdem sie den Kolosserbrief in der Gemeinde vorgelesen haben, ihn bzw. eine Kopie davon an die Gemeinde in Laodizea weiterzuverschicken, damit er auch dort vorgelesen werden kann. In diesem Kontext erwähnt er auch, dass er etwa zeitgleich einen Brief an die Laodizäer verschickt hat, den sich die Kolosser besorgen und in ihrer Gemeinde vorlesen sollen. Von der Existenz eines solchen Briefes wissen wir nichts, obwohl manche Gelehrte vermuten, dass damit der Epheserbrief (dem in wichtigen Manuskripten die Adressenangabe fehlt) gemeint ist.

Auch wenn uns diese Notiz eher banal erscheint, vermittelt sie zwei wichtige Erkenntnisse über die frühesten christlichen Gemeinden. **Zum einen waren sie untereinander sehr gut vernetzt.** Wenn man die Schlüsse der neutestamentlichen Briefe nebeneinandersetzt, merkt man, welcher rege Verkehr unter ihnen herrschte. **Zum anderen haben die Gemeinden sehr früh den Briefen des Apostels eine Autorität zugeschrieben, die mit der der alttestamentlichen Schriften in jüdischen Gemeinden gleichzusetzen ist.** Hier sehen wir die ersten Spuren einer „Paulusbriefsammlung“, die noch im 1. Jahrhundert als solche anerkannt und in vielen Gemeinden als heilige Schrift akzeptiert wurde (vgl. 2 Petr 3,14-16).

V. 17. Zum Schluss hat Paulus eine Anweisung für eine Einzelperson in der Gemeinde in Kolossä: Archippus. Ihn kennen wir bereits als Mitadressat des Philemonbriefes (Phlm 2). Daraus kann man schließen, dass er eine führende Rolle in der Gemeinde spielte. Er soll wörtlich „nach dem Dienst sehen“, der ihm vom Herrn aufgetragen wurde. Wir wissen nicht, um welchen Dienst es sich handelt, aber wahrscheinlich ist eine Aufgabe in der Gemeinde gemeint, die regelmäßig ausgeführt werden soll. Offensichtlich ist Archippus darin etwas nachlässig geworden, und Paulus ermahnt ihn, den Dienst gewissenhaft auszuführen.

V. 18. Die letzten paar Zeilen des Kolosserbriefes schreibt Paulus mit der eigenen Hand. In der Antike war das Schreiben von Briefen eine anspruchsvolle Aufgabe, und in der Regel überließ man sie einem Profi. Das heißt, man diktierte den Briefinhalt einem ausgebildeten Schreiber. **Es war aber üblich, dass der Autor selbst einen eigenhändigen Abschluss schreibt, um dem Brief eine persönliche Note zu verleihen, aber auch um seine Authentizität zu gewährleisten. Das tut Paulus hier.** Er erinnert seine Leser nochmals daran, dass er in Gefangenschaft ist, und er bittet damit implizit um ihre Gebete für ihn. Schließlich erteilt er ihnen einen schlichten Segen: Die Gnade Gottes soll mit ihnen sein.

Joel White

Der Brief des Paulus an die Kolosser

Historisch-Theologische Auslegung, HTA

450 Seiten, gebunden, mit Schutzumschlag

ISBN 978-3-7655-9736-7

In der bewährten HTA-Kommentarreihe legt Joel White den Kolosserbrief aus: Gründlich, streng textbezogen und doch zugleich praxisrelevant. Dabei fasst der Autor den Kolosserbrief als echten Paulusbrief auf, nicht etwa als Schreiben eines seiner Schüler. Die Unterschiede zu anderen Paulusbriefen erklären sich aus der besonderen Aufgabenstellung, eine spezielle, jüdisch geprägte Irrlehre abzuweisen. Gegenüber dieser Irrlehre entwirft Paulus eine hohe Lehre von Christus, in dem sich Gottes Fülle widerspiegelt. Innerhalb seiner Lehre von der Zukunft betont Paulus hier diejenigen Elemente, die herausstellen, dass das Heil schon jetzt erfahrbar ist. Mit diesen Beobachtungen gelingt White eine profilierte eigene Auslegung des Kolosserbriefs.

Die Historisch-Theologische-Auslegungsreihe (HTA) des NT ist ein Projekt von Exegeten aus dem evangelikalen Bereich. Sie erläutert mit wissenschaftlicher Gründlichkeit die Aussagen der neutestamentlichen Texte – im Hinblick auf ihre historische Situation, ihre literarische Eigenart und mit betonter Berücksichtigung ihrer theologischen Anliegen – und macht sie verständlich. Dabei werden neben den traditionellen auch neuere exegetische Methoden und Forschungsergebnisse berücksichtigt.

Das Besondere dieser Kommentarreihe ist, dass über die möglichst präzise historische Erklärung hinaus Brücken in die kirchliche Gegenwart geschlagen werden. Die Auslegung behält dabei die Praxis von Verkündigung und Seelsorge im Blick.

Die Kommentarreihe folgt einem durchgängigen vierteiligen Aufbau:

1. Eine präzise und wortgetreue Übersetzung.

2. Bemerkungen zum Kontext, zum Aufbau, zur literarischen Form und Gattung sowie zum theol. Hintergrund.

3. Vers-für-Vers-Exegese.

4. Zusammenfassung, in der die Wirkungsgeschichte verfolgt sowie ein Brückenschlag in die Gegenwart und die praktische Anwendung gegeben wird.

SERENDIPITY

Das praxisorientierte Arbeitsmaterial für Hauskreise und Bibelgespräche

lebensnah l kompetent l persönlich

Alle Themenhefte aus der Reihe Serendipity finden Sie auf www.serendipity-kleingruppen.de.